중학교 과학 교과서 핵심 어휘 미리 보기

핵심 콕!
과학 교과서 어휘

김수주 글 | 이진아 그림

그린북

중학교 공부,
겁내지 말고 교과서 필수 어휘부터
내 것으로 만들어요!

중학교 입학을 앞둔 초등학생, 또는 이제 막 학교 문턱을 밟은 중학생 여러분!
혹시 공부가 갑자기 어려워질까 봐 겁이 나나요?
실제로 중학교에서 배우는 어휘는 초등학교와 비교할 수 없을 정도로 많아요.
어휘를 알아야 문장의 의미를 알고 전체 글의 내용을 파악할 수 있지요.
공부의 기본은 바로 어휘를 잘 아는 것이에요.
이 책은 중학교 과학 교과서에 나오는 필수 어휘를 재미있는 만화와
문장 활용을 통해 익힐 수 있도록 구성했어요. 이 책과 함께 교과서 어휘를
미리 내 것으로 만들어 보아요!

이 책의 구성을 핵심만 콕 집어 알려 줄게요!

제목에는 핵심 단어가 포함되어 있어 내용을 짐작할 수 있어요.

핵심 단어가 일상에서 어떻게 쓰이는지 알 수 있어요.

어떤 핵심 단어를 배울지 알 수 있어요.

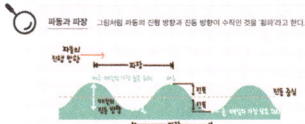

— 핵심 단어의 뜻을 알기 쉽게 풀이했어요.

— 핵심 단어를 활용한 예문을 읽으면서 문해력을 길러요.

— 보조 단어도 함께 익히면서 어휘력을 길러요.

— 과학 교과에 도움이 되는 주요 개념을 그림, 사진, 그래프로 쉽게 익혀요.

— 앞에서 익힌 어휘를 확인하며 내 것으로 만들어요.

— 초성 퀴즈, 단어 쓰기, 사다리 타기, 가로세로 낱말 풀이 등 다양한 문제로 구성되어 있어요.

재미있게 구성이 되어 있군!

차례

1장 지구과학

- 지구 온난화의 원인은? • 12
- 고기압과 저기압 • 16
- 일식 덕분이야 • 20
- 엄마의 복사 평형 • 24
- 천왕성에 살고 싶어 • 28
- 돌로 압력을 높여 줬는데? • 32
- 지진파로 알 수 있는 것 • 36
- 지진을 미리 아는 동물들? • 40
- 화산암의 용도 • 44
- 엄마의 변성 작용? • 48
- 응결이 단서야 • 52
- 태양 관측 • 56
- 황사랑 미세 먼지 싫어! • 60
- 성운과 별의 탄생 • 64

2장 생물

- 광합성을 왜 네가 해 • 70
- 순종이나 잡종이나 • 74
- 바이타민이 몸에 좋다길래 • 78
- 생물 다양성을 지켜라? • 82
- 무조건 반사? • 86
- 유식이의 위 운동 • 90
- 뇌가 헷갈리니까 • 94
- 코감기와 입맛 • 98
- 외래종 탓이야! • 102
- 바쁜 미각 신경 • 106
- DNA를 떨어뜨리면 안 돼 • 110
- 딱지 아래 백혈구 • 114
- 이런 것도 유전되나요? • 118
- 환경 호르몬은 나빠! • 122

3장 물리

- 자율 주행 자동차 • 128
- 탄성으로 물리쳐라 • 132
- 달에 가는 이유가 중력? • 136
- 볼록 거울 때문에! • 140
- 사물 인터넷 세상 • 144
- 저항 때문에 열이? • 148
- 역학적 에너지 보존 • 152
- 소비 전력이 너무 높아! • 156
- 안경 렌즈는 어지러워! • 160
- 척력이 작용하는 사이 • 164
- 보온병의 진공 원리 • 168
- 이것도 광원인가요? • 172

4장 화학

- 혼합물로 찾은 증거 • 178
- 기체 맛 좀 봐라 • 182
- 이온 음료 안 마실래 • 186
- 하늘에 핀 불꽃 반응 • 190
- 응고가 너무 됐어 • 194
- 증발한 물은 어디로? • 198
- 맛있는 화학 변화 • 202
- 놀라운 분자 요리 • 206
- 어는점과 끓는점 • 210
- 승화를 이용한 우주 식사 • 214

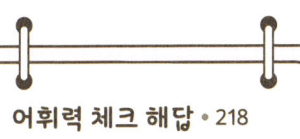

어휘력 체크 해답 • 218

등장 인물

한유식
이름과 다르게 무식이 하늘을 찌른다. 거기에 호기심이 많고 귀는 어찌나 얇은지 들은 건 다 해 보는 통에 늘 사고를 친다. 방과 후 과학 동아리에서도 엉뚱한 질문과 행동으로 선생님을 곤란하게 하지만 성격 자체는 착하고 해맑아 미워할 수 없다.

한우수
중학생. 한유식의 누나. 이름처럼 성적이 우수하고, 지식도 많으며, 특히 과학을 좋아하고 잘한다. 한창 사춘기에 접어들어 예민하다. 동생에게 맨날 지적을 하다가 투닥투닥 싸운다.

엄마
중학교 과학 선생님. 과학 선생님답게 과학 지식이 풍부하며, 아들과 딸의 질문에 척척 대답해 준다. 아들이 사고 치면 화가 부르르 끓어오르고 어이없어하면서도 해결해 주는 척척박사 스타일.

아빠

좌충우돌하는 아들을 이해해 주는 자상하고 친구 같은 아빠다. 전형적인 문과 스타일로, 과학은 잘 모르지만 연륜에서 오는 생활 상식은 많은 편. 그래서 아들을 이해하는 건지도?

진우정

한유식의 같은 반 단짝으로, 방과 후 과학 동아리를 같이 한다. 유식이와 죽이 척척 맞아 사고도 같이 치는 찐 친구. 유식이처럼 먹는 것을 엄청 좋아한다.

선생님

방과 후 과학 동아리 담당 선생님. 과학을 익히는 데 있어 기본은 관찰과 실험이라는 것을 항상 강조하며, 실제로 해 보도록 하는 활동을 준비하는 열성파 선생님이다. 유식이의 엉뚱한 질문에 난감할 때도 있지만 성심성의껏 답해 준다.

1장

지구 온난화
빙하
자연재해
온실 기체
일기도
고기압
저기압
구름
일식
개기 일식
월식
복사 에너지
태양 복사 에너지
지구 복사 에너지
복사 평형
태양계
행성
천왕성
자전
화석
대기
압력
기압
기후

화산
화산 분출물
지진파
지진
규모
재난
지진대
마그마
화산 활동
화성암
화산암
변성 작용
변성암
석회암
대리암
폭염
포화 상태
포화 수증기량
응결
망원경
태양
흑점
쌀알 무늬
바람

황사
미세 먼지
습도
우주
오리온자리
성간 물질
성운

지구과학

지구 온난화의 원인은?

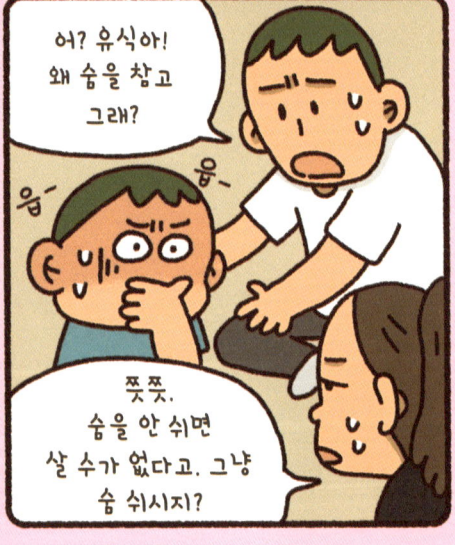

지구 온난화

지구가 태양으로부터 받은 에너지를 다시 방출할 때, 대기 중의 온실 기체가 복사 에너지의 일부를 재흡수하여 지표면으로 다시 방출해요. 이 때문에 지구의 평균 기온이 점점 올라가는 것을 말해요.

지구 온난화 문제는 전 세계의 기후 위기를 불러왔습니다.

지표면 지구의 표면. 또는 땅의 겉면.

빙하

눈이 오랫동안 쌓여 다져져 육지의 일부를 덮고 있는 얼음층을 말해요. 남극 대륙이나 그린란드를 덮은 대륙 빙하와 알프스산맥이나 히말라야산맥처럼 폭이 좁은 리본 형태로 산 계곡을 흘러내리는 산악 빙하가 있지요.

남극과 북극의 **빙하**, 해마다 한반도 면적만큼 사라져….

그린란드 캐나다 북쪽, 대서양과 북극해 사이에 있는 세계에서 가장 큰 섬.
한반도 아시아 동북쪽에 있는 반도.
한반도는 우리나라 국토를 지형적으로 일컫는 말로, 위로는 압록강과 두만강을 경계로 하며, 제주도 등 우리나라 국토 전체를 포함한다.

자연재해

인간이 피할 수 없는 자연 현상으로 인하여 일어나는 피해를 말해요. 태풍, 가뭄, 홍수, 지진, 화산 폭발, 해일 등이 있어요.

> **자연재해** 저감을 위한 대책 마련이 시급하다.

해일 폭풍이나 지진, 화산 폭발 등에 의해 바닷물이 육지로 넘쳐 들어오는 현상.
저감 낮추어 줄임.

온실 기체

지구의 대기 속에 있으며, 흡수한 복사 에너지의 일부를 지표면으로 다시 방출하여 지표면의 온도를 높이는 역할을 하는 기체예요. 이산화 탄소, 수증기, 메테인 등이 있어요.

> 대규모 **온실 기체** 감축 없이는 지구 온난화를 못 막는다.

메테인 탄소 하나와 수소 네 개로 이루어진 가장 간단한 탄소 화합물. 색과 냄새가 없고 물에 녹지 않으며 잘 타는 기체이다. 메탄이라고도 부름.
감축 덜어서 줄임.

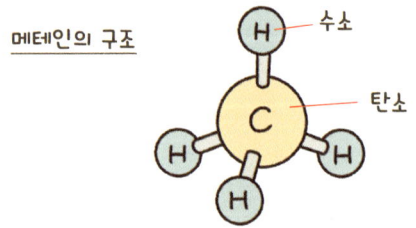

메테인의 구조

14 　지구과학

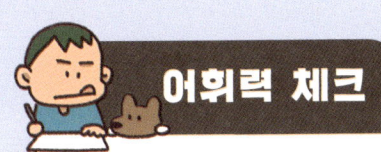

어휘력 체크

초성을 보고 문장에 들어갈 알맞은 단어를 써 보세요.

뜨거운 지구 기후의 역습!

이산화 탄소 등 온실 기체로 인한 ㉠ ㅈ ㄱ ㅇ ㄴ ㅎ 로 인해 태풍, 가뭄, 홍수 등의 ㉡ ㅈ ㅇ ㅈ ㅎ 가 심해지고 있습니다.

정답 ㉠ _____

㉡ _____

서식지를 잃은 북극곰의 눈물!

북극과 ㉢ ㄱ ㄹ ㄹ ㄷ 의 ㉣ ㅂ ㅎ 가 빠른 속도로 사라지면서 북극곰의 생존이 크게 위협받고 있습니다.

정답 ㉢ _____

㉣ _____

고기압과 저기압

핵심 단어: 일기도, 고기압, 저기압, 구름

일기도

여러 지역의 동일 시각 대기 상태를 수집하여 한눈에 알아보기 쉽게 작성한 지도를 말해요. 기온, 기압, 바람 방향, 바람의 세기, 고기압, 저기압 등이 기호로 표시되어 있지요.

> 일기도와 위성 사진을 보면 정확한 날씨를 알 수 있습니다.

동일 어떤 것과 비교하여 똑같음.
위성 사진 인공위성에서 찍은 사진. 지구 밖에서 지구의 모습, 특정 위치 등을 찍은 위성 사진은 농업, 교육, 도시 계획 등의 목적으로 이용된다.

고기압

주변보다 기압이 높은 곳을 말해요. 고기압 지역에서는 상공에서 지표로 공기가 내려오는 하강 기류가 발달하여 구름이 없고 날씨가 맑지요.

> 아열대 고기압이 한반도에 습기를 몰고 왔습니다.

상공 높은 하늘.
아열대 열대와 온대의 중간 지대. 남북 위도 각각 20~40도에 이르는 지역으로 기온은 높으나 비가 적은 곳이 많다.

저기압

주변보다 기압이 낮은 곳을 말해요. 저기압 지역에서는 지표에서 상공으로 공기가 올라가는 상승 기류가 발달하여 구름이 형성되고 날씨가 흐리지요.

이동성 저기압의 영향으로 오늘은 비가 오겠습니다.

형성되다 어떤 모양이 이루어지거나 상태가 되다.
이동성 한곳에 머무르지 않고 자주 옮겨 다니는 성질.

구름

공기 덩어리가 상승하면서 기온이 낮아져 공기 중의 수증기가 작은 물방울이나 얼음 알갱이로 바뀌어 하늘 높은 곳에 떠 있는 것을 말해요. 공기 중에 작은 먼지 입자나 소금 입자 등의 응결핵이 많이 포함되어 있으면 수증기가 더 쉽게 물방울로 바뀌기 때문에 구름이 더 잘 생기지요.

태풍의 북상으로 전국에 구름이 많겠으며 곳곳에 비가 강하게 쏟아지겠습니다.

응결핵 수증기가 물방울로 바뀔 때 물방울을 쉽게 달라붙게 하는 작은 입자들.
북상 북쪽을 향하여 올라감.

어휘력 체크

초성을 보고 문장에 들어갈 알맞은 단어를 써 보세요.

올 여름 높은 습도가 예상돼

㉠ ㅇ ㅅ ㅅ ㅈ 을 보시면, 아열대 ㉡ ㄱ ㄱ ㅇ 이 접근해 습도가 높을 것으로 예상됩니다.

정답 ㉠ _____

㉡ _____

가을 태풍 주의 필요!

가을이 되면서 태풍의 ㉢ ㅂ ㅅ 으로 인해 거센 바람이 불며 ㉣ ㄱ ㄹ 이 두껍게 자리 잡은 날이 많겠습니다.

정답 ㉢ _____

㉣ _____

일식 덕분이야

  일식   개기 일식   월식

일식

지구 주위를 공전하는 달에 태양이 가려지는 현상을 말해요. 태양, 달, 지구 순으로 일직선상에 놓일 때 일어나지요. 이때 달의 위치를 삭이라고 해요.

> 맨눈으로 일식 관측 시 실명 위험!

일직선 한 방향으로 쭉 곧은 줄. 또는 그런 형태.
실명 시력을 잃어 앞을 못 보게 되는 것.

개기 일식

일식 중에 달이 태양을 완전히 가리는 현상을 말해요. 달이 태양을 일부만 가리는 현상은 부분 일식, 태양의 한복판만 가려서 태양의 테두리가 반지처럼 보이는 현상은 금환식이라고 해요.

> 칠레에서 개기 일식, 2분간 한낮의 어둠 맞다!

한복판 일정한 공간이나 사물의 한가운데를 뜻하는 '복판'을 강조하여 이르는 말.

월식

달이 지구의 그림자 속으로 들어가 달이 가려지는 현상을 말해요. 태양, 지구, 달 순으로 일직선상에 놓일 때 일어나지요. 지구의 그림자에 달 전체가 가려지는 현상을 개기 월식이라 하고, 달의 일부가 가려지는 현상을 부분 월식이라고 해요.

> 3년 만의 개기 **월식**에 <u>아마추어 천문가</u>들이 망원경을 들고 높은 지대로 모였습니다.

아마추어 예술, 스포츠, 기술 등을 취미로 하는 사람.
천문가 우주와 별에 대해 연구하는 사람.

일식이 생기는 원리
태양, 달, 지구 순으로 일직선상에 놓일 때 달이 태양을 가려 일어난다.

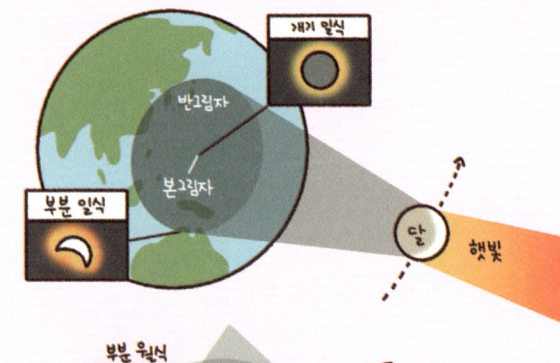

월식이 생기는 원리
태양, 지구, 달 순으로 일직선상에 놓일 때 지구 그림자에 달이 가려져 일어난다.

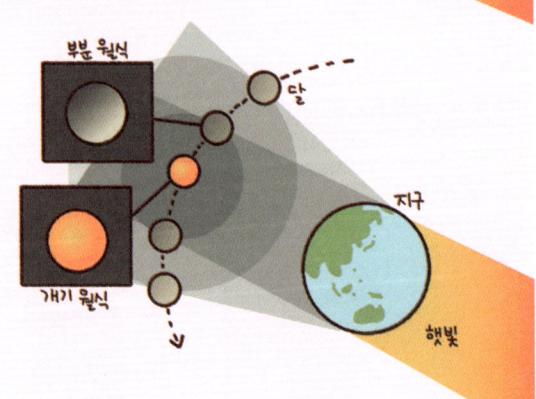

어휘력 체크

뜻풀이에 해당하는 단어를 음절 구슬에서 찾아 묶고, 빈칸에 써 보세요.

신	일	석	천	아
한	식	직	한	마
복	전	력	선	추
판	실	정	그	어
실	명	기	월	식

① 지구 주위를 공전하는 달에 태양이 가려지는 현상

② 한 방향으로 쭉 곧은 줄

③ 시력을 잃어 앞을 못 보게 되는 것

④ 일정한 공간이나 사물의 한가운데를 강조한 말

⑤ 달이 지구의 그림자 속으로 들어가 달이 가려지는 현상

⑥ 예술, 스포츠, 기술 등을 취미로 하는 사람

엄마의 복사 평형

복사 에너지는 물질의 도움을 받지 않고 직접 전달되는 에너지예요. 지구는 태양에서 오는 태양 복사 에너지를 받죠.

그렇게 쌓인 열을 지구 복사 에너지로 내보내요. 받는 에너지와 내보내는 에너지가 평형을 이루는데, 이를 복사 평형이라고 해요.

선생님! 사람에게도 복사 평형이 있나요?

응? 그게 무슨 말이니?

저희 엄마가 계속 열을 받으시다가 한 번씩 열을 내보내시거든요.

화르륵~

아…

핵심 단어: 복사 에너지 · 태양 복사 에너지 · 지구 복사 에너지 · 복사 평형

지구과학

복사 에너지

금속이나 공기 등 물질의 도움을 받지 않고 직접 전달되는 에너지를 말해요. 모든 물체는 자신의 온도에 해당하는 에너지를 복사 에너지로 방출하지요.

물체의 온도가 높을수록 복사 에너지의 양도 늘어납니다.

해당하다 어떤 범위나 조건 등에 정확히 맞다.
방출 미리 갖추어 모아 둔 것을 내놓음.

태양 복사 에너지

태양이 복사의 형태로 방출하는 에너지를 말해요. 태양은 막대한 양의 복사 에너지를 우주 공간으로 내보내는데 그중 아주 적은 양이 지구에 도달하여 지구를 따뜻하게 만들어 주고 지구의 대기와 물의 순환에 영향을 주는 등 여러 가지 자연 현상이 일어나지요.

태양 복사 에너지를 이용한 태양열 발전, 신재생 에너지의 대안이 되다.

신재생 에너지 햇빛, 물, 지열 등의 재생이 가능한 에너지를 변환하여 이용하는 에너지.
대안 어떤 일에 대처할 방법이나 계획.

지구 복사 에너지

지구가 복사의 형태로 방출하는 에너지를 말해요. 태양 복사 에너지를 받아서 흡수하는 지구는 우주 공간으로 복사 에너지를 방출하지요.

이산화 탄소, 지구 복사 에너지를 잡아 두는 주범!

주범 어떤 일에 대하여 좋지 아니한 결과를 만드는 주된 원인.

복사 평형

물체가 흡수하는 복사 에너지의 양과 방출하는 복사 에너지의 양이 같아 온도가 일정하게 유지되는 상태를 말해요. 지구의 대기와 지표면은 흡수한 태양 복사 에너지의 양과 같은 양의 지구 복사 에너지를 우주 공간으로 방출하므로 지구는 복사 평형을 이루지요.

최근 발견된 외계 행성의 복사 평형 온도, 지구보다 훨씬 높다!

외계 지구 밖의 세계. 지구 이외의 천체도 포함된다.

어휘력 체크

가로세로 뜻풀이를 보고 빈칸에 알맞은 단어를 써 보세요.

③

① ②

④

⑤

⑥

<가로> ① 태양은 에너지를 복사의 ●● 로 방출한다
④ 물질의 도움을 받지 않고 직접 전달되는 에너지 ●● ●●
⑤ 물체가 흡수하는 복사 에너지와 방출하는 복사 에너지의 양이 같아 온도가 일정하게 유지되는 상태 ●● ●●
⑥ 지구가 복사의 형태로 방출하는 에너지 ●● ●●●

<세로> ② 태양이 복사의 형태로 방출하는 에너지 ●● ●● ●●
③ 재생이 가능한 에너지를 변환하여 이용하는 에너지 ●● ●● ●●

천왕성에 살고 싶어

핵심 단어: 태양계　행성　천왕성　자전

태양계

태양과 태양 주위를 공전하는 모든 천체 및 이들이 차지하는 공간을 말해요. 태양계는 태양, 행성, 왜소 행성, 소행성, 혜성 등의 천체로 이루어져 있지요.

> 우주선 보이저 2호가 **태양계**를 벗어났습니다.

공전 한 천체가 다른 천체 주위를 도는 운동.
왜소 행성 태양계의 천체 중 소행성보다 크고 행성보다 작은 천체.
소행성 주로 화성과 목성 사이에서 태양 둘레를 도는 천체.

행성

태양 주위를 공전하며 스스로 빛을 내지 않는 천체 중 구형에 가까운 형태를 띤 천체를 말해요. 태양계의 행성은 수성, 금성, 지구, 화성, 목성, 토성, 천왕성, 해왕성 여덟 개가 있어요. 원래는 해왕성 바깥에 있는 명왕성까지 행성이었으나, 2006년부터 명왕성이 왜소 행성 플루토로 분류가 바뀌었지요.

> **행성** 여행, 더 이상 멀리 있는 꿈이 아니다!

천체 우주에 존재하는 모든 물체. 항성, 행성, 위성, 혜성, 성단, 성운, 인공위성 등을 통틀어 이른다.
구형 공처럼 둥근 형태.

천왕성

태양에서 일곱 번째로 멀리 떨어져 있는 행성이에요. 지름이 지구의 4배 정도이며, 대기 중에 포함된 헬륨과 메테인 때문에 청록색으로 보이지요. 거의 누워서 자전하는 천체예요.

> 이번 주, 맨눈으로 **천왕성**을 관측할 좋은 기회가 온다!

지름 원이나 구 등에서, 중심을 지나는 직선의 길이. 원 위의 두 점을 이은 선을 현이라고 하는데, 지름은 현 중에서 가장 길다.

헬륨 수소 다음으로 가벼우며, 공기 중에 아주 적은 양이 들어 있는 기체. 색과 냄새가 없다.

자전

천체가 고정된 하나의 축을 중심으로 스스로 도는 현상을 말해요. 이때의 축은 자전축이라고 하지요.

> 금성은 지구와 반대 방향으로 **자전**합니다.

축 활동이나 회전의 중심.

어휘력 체크

사다리를 타고, 해당 단어의 뜻풀이를 찾아 선을 그어 보세요.

① 태양계　　② 천왕성　　③ 자전

ㄱ. 천체가 고정된 하나의 축을 중심으로 스스로 도는 현상

ㄴ. 태양에서 일곱 번째로 멀리 떨어져 있는 행성

ㄷ. 태양과 태양 주위를 도는 모든 천체 및 이들이 차지하는 공간

돌로 압력을 높여 줬는데?

핵심 단어: 화석 대기 압력 기압

화석

과거 지질 시대에 살았던 생물의 유해나 흔적 등이 퇴적암 속이나 땅 위에 그대로 보존되어 남아 있는 것을 말해요. 생물의 진화 상태나 당시의 환경 등을 아는 데 큰 도움이 되지요.

경남 진주시에서 대규모 공룡 발자국 화석 발견!

지질 시대 지구가 생겨난 이후부터 역사 시대 이전까지의 시대.
유해 죽은 생물의 뼈.
당시 일이 있었던 바로 그때. 또는 이야기하고 있는 그 시기.

대기

지구를 둘러싼 공기를 말해요. 지구의 대기는 질소(78%)와 산소(21%)가 대부분을 차지하고 있으며, 그 밖에 아르곤, 이산화 탄소 등이 포함되어 있지요.

인도 뉴델리에서 최악의 대기 오염 사태가 발생했습니다.

아르곤 색과 냄새가 없는 기체로, 다른 원소와 결합하여 새로운 물질을 만들지 않는다.
최악 가장 나쁨.

압력

두 물체가 맞닿는 면에서 단위 면적에 수직으로 작용하는 힘을 말해요. 같은 크기의 힘을 주었을 때는 면적이 좁을수록 압력은 더 커져요.

압력 밥솥은 음식 조리 시간을 크게 줄일 수 있습니다.

단위 면적 넓이 단위가 '1'인 넓이. 1cm², 1m² 등이 있다.
수직 직선과 직선, 직선과 평면, 평면과 평면 등이 서로 만나 직각(90도의 각)을 이루는 상태.
작용하다 어떠한 현상을 일으키거나 영향을 미치다.

기압

지표면은 지구 대기가 누르는 힘을 받아요. 대기가 작용하는 압력을 기압이라고 해요. 대기압이라고도 하지요. 기압은 모든 방향으로 동일하게 작용한답니다.

비행 고도가 높아지면서 기압이 떨어졌습니다.

고도 평균 해수면 등을 '0'으로 하여 측정한 물체의 높이.
육지나 산의 높이, 비행 고도 등을 말할 때 '해발 몇 미터'라고 한다.

어휘력 체크

가로세로 뜻풀이를 보고 빈칸에 알맞은 단어를 써 보세요.

②
①
③
④　⑤　　　⑦　⑧
⑥

<가로> ① 지구 대기의 약 78%를 차지하는 기체
　　　　③ 일이 있었던 바로 그때
　　　　④ 지구를 둘러싼 공기
　　　　⑥ 두 물체가 맞닿는 면에서 단위 면적에 수직으로 작용하는 힘
　　　　⑦ 직선과 직선이 서로 만나 직각을 이루는 상태

<세로> ② 지구가 이루어진 이후부터 역사 시대 이전까지의 시대
　　　　⑤ 대기가 작용하는 압력
　　　　⑧ 90도의 각

지진파로 알 수 있는 것

지구 내부를 알 수 있는 방법에는 땅을 파는 시추, 화산에서 나오는 화산 분출물을 보는 것 등이 있어요.

또 지구 내부를 통과해서 지표에 도달하는 지진파를 연구하면 지구 내부의 구조를 알 수 있어요.

수박을 겉에서 두드렸을 때 나는 소리로 수박이 잘 익었는지 알 수 있는 것과 같은 이치예요.

아야! 너, 왜 그래?

선생님, 유식이 머리에서 '통' 소리가 났어요. 머리가 잘 익었나 봐요.

핵심 단어: 시추 　 화산 　 화산 분출물 　 지진파

시추

석유, 천연가스 등의 지하자원을 탐사하거나 지층의 구조와 상태 등을 조사하기 위해 땅속 깊이 구멍을 파는 거예요. 지금까지 가장 깊이 파 내려간 깊이는 러시아 콜라반도에서의 약 12km지요.

> 석유 공사가 동해에서 **시추**를 시작했습니다.

천연가스 유전이나 탄광 등에서 사람의 힘을 가하지 않고 나오는 불이 잘 붙는 가스. 자연가스라고도 한다.
탐사하다 알려지지 않은 사물이나 사실 등을 샅샅이 조사하다.

화산

지하 깊은 곳에서 형성된 마그마가 지각의 약한 틈을 뚫고 짧은 시간 동안 한꺼번에 지표로 나와 생기는 산을 말해요. 지금도 활동을 계속하는 활화산, 옛날에는 분화했지만 지금은 분화를 멈춘 휴화산, 활동이 완전히 끝난 사화산으로 나뉘지요.

> 이탈리아의 베수비오 **화산** 폭발로 인근 주민 대피령!

지각 지구의 바깥쪽에 해당하는 얇은 층. 대륙 지각은 약 35km, 해양 지각은 약 5km의 두께이다.
분화 화산성 물질이 지구 내부에서 방출되는 것.
대피령 위험이나 피해를 입지 않도록 일시적으로 피하게 하는 명령.

화산 분출물

화산이 분출될 때 나오는 여러 가지 물질을 말해요. 수증기가 대부분인 화산 가스, 마그마에서 기체가 빠져나간 용암, 용암 부스러기 중 크기가 4mm보다 작은 알갱이인 화산재, 용암이 지름 32mm 이상의 원형이나 타원형으로 굳어진 화산탄 등이 있지요.

> 필리핀 화산 분출물, 우주에서도 포착되다!

분출되다 액체나 기체 상태의 물질이 솟구쳐서 뿜어져 나오다.
포착되다 어떤 기회나 일이 되어 가는 상태가 알아차려지다.

지진파

지구 내부에서 지진이 발생할 때 사방으로 전달되는 진동을 말해요. 물질에 따라 전달되는 빠르기가 다르고 모든 방향으로 전파되지요.

> 서해에서 발생한 지진파가 서울에서도 감지되었습니다.

감지되다 느끼어 알게 되다.

어휘력 체크

초성을 보고 문장에 들어갈 알맞은 단어를 써 보세요.

하와이를 뒤덮은 용암, 우주에서도 포착되다!

하와이 ㉠ ㅎ ㅅ 이 폭발하여 피해가 우려되는 가운데
㉡ ㅎ ㅅ ㅂ ㅊ ㅁ 이 우주에서도
보일 정도로 규모가 큽니다.

정답 ㉠ _____

㉡ _____

우리나라에서 석유가 펑펑?

동해 울릉분지 해역에서 ㉢ ㅅ ㅊ 가 예정되면서
석유와 ㉣ ㅊ ㅇ ㄱ ㅅ 등이 발견될까
관심이 집중되고 있습니다.

정답 ㉢ _____

㉣ _____

지진을 미리 아는 동물들?

당시 규모 6.5의 강한 지진이 발생한 지역은 큰 재난을 입었지만, 동물들은 미리 피했습니다.

으으, 무서워. 우리나라도 지진이 일어나요?

지진대에 속하지 않아서 많이 발생하지는 않지만, 안심할 수는 없단다.

근데 지진을 미리 아는 동물들은 참 신기한 것 같아요.

어? 갑자기 왜 새들이…. 혹시 지진 아냐?

어? 아니네!
다… 다행이다~
휘이~ 이 녀석들, 기껏 가꾼 텃밭에 떼로 모이네!

핵심 단어: 지진 규모 재난 지진대

40 지구과학

지진

지구 내부에 쌓인 에너지가 갑자기 방출되면서 땅이 흔들리거나 갈라지는 현상을 말해요. 주로 암석이 오랫동안 큰 힘을 받아서 끊어질 때 발생하지요.

아이티에서는 강한 지진으로 인한 사상자가 속출하고 있습니다.

아이티 카리브해에 있는 섬나라. 아이티의 북동쪽은 북아메리카 판과 카리브 판이 만나는 경계이기 때문에 지진의 위험성이 높은 곳이다. 2010년에 대지진을 겪었다.
사상자 죽은 사람과 다친 사람.
속출하다 잇따라 나오다.

규모

지진의 세기를 나타내는 단위예요. 지진이 발생한 지점에서 방출된 에너지의 양을 나타내는 값이지요. 따라서 숫자가 클수록 강한 지진이에요. 가장 처음 제안한 사람인 찰스 리히터의 이름을 따서 '리히터 규모 몇의 지진'이라고 나타내지요.

2016년 경주 부근에서 규모 5.8의 강진이 발생했습니다.

부근 어떤 곳을 중심으로 하여 가까운 곳.
강진 강한 지진.

재난

우리 주위에서 발생하는 여러 사건 중에서 인간의 생명과 재산에 피해를 주거나 줄 수 있는 것을 말해요. 한파나 가뭄 등의 자연 현상, 감염병 확산, 화학 물질 유출 등이 있지요.

> 신속한 재난 대응 체계 구축을 위한 노력이 요구된다.

신속하다 동작이 매우 날쌔고 빠르다.
구축 기초를 닦아 세움.

지진대

지진이 자주 발생하는 지역을 말해요. 지진이 발생하는 지역은 전 세계에 고르게 분포하지 않고, 특정한 지역에 띠 모양으로 분포하고 있어요.

> 칠레 규모 8.3 강진으로 세계 지진대 초긴장!

초긴장 보통의 정도를 훨씬 넘어 극도로 긴장함.

# 어휘력 체크

사다리를 타고, 해당 단어의 뜻풀이를 찾아 선을 그어 보세요.

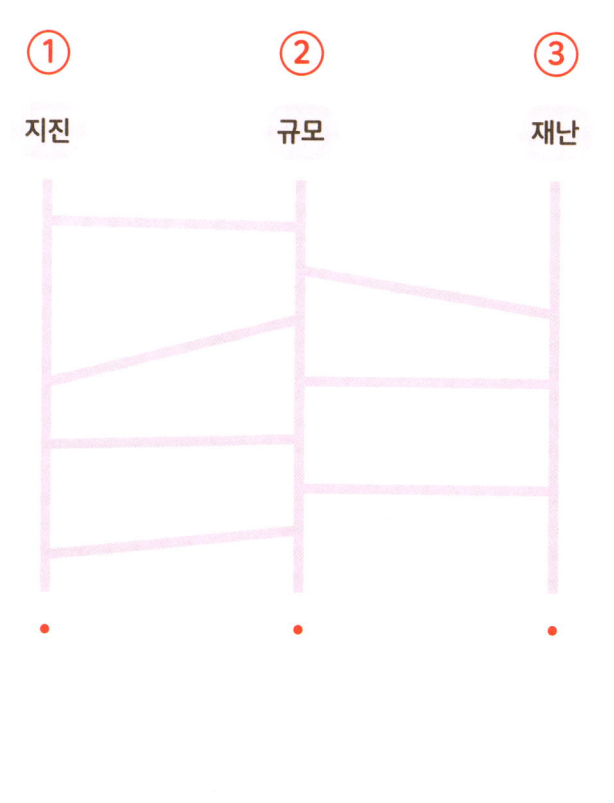

ㄱ. 지진의 세기를 나타내는 단위로, 지진이 발생한 지점에서 방출된 에너지의 양

ㄴ. 우리 주위에서 발생하는 여러 사건 중에 인간의 생명과 재산에 피해를 주거나 줄 수 있는 것

ㄷ. 지구 내부에서 쌓인 에너지가 갑자기 방출되면서 땅이 흔들리거나 갈라지는 현상

화산암의 용도

핵심 단어: 마그마　화산 활동　화성암　화산암

마그마

암석이 지구 내부에서 녹은 것을 말해요. 쇠가 용광로에서 가열되면 녹아서 액체 상태로 되는 것처럼 암석도 지하 깊은 곳에서 높은 열과 압력을 받으면 녹아서 마그마가 되지요.

그의 열정은 마그마처럼 들끓고 있었다.

열정 어떤 일에 뜨거운 애정을 가지고 열중하는 마음.
들끓다 기쁨, 감격, 증오 등의 심리 현상이 점점 높아지다.

화산 활동

지하에서 생성된 마그마가 지각의 약한 틈을 뚫고 지표로 분출하는 현상을 말해요. 용암, 화산 기체, 크고 작은 고체 물질 등이 분출되지요.

아이슬란드 화산 활동, CCTV로 생중계!

CCTV 특정한 사람들을 대상으로 영상을 보내는 텔레비전 방식. 일반 대중이 마음대로 볼 수 없도록 되어 있다. 산업용, 교육용, 의료용, 교통 관제용 감시, 방재용 등 용도가 다양하다.
생중계 현장에서 일어나는 일을 따로 녹화나 편집하지 않고 생생하게 그대로 방송함.

화성암

지하 깊은 곳에 있던 마그마가 지표로 흘러나오거나 지하 깊은 곳에서 식어서 만들어진 암석을 통틀어 이르는 말이에요.

> 화성 탐사 로봇이 화성에서 지구의 화성암과 비슷한 암석을 채취하려고 시도했으나 실패했습니다.

채취하다 풀, 나무, 광석 등을 찾아 베거나 캐거나 하여 얻어 내다.

화산암

마그마가 지표나 지표 부근에서 빠르게 식어서 만들어진 화성암으로, 알갱이가 작은 암석을 말해요. 현무암, 유문암 등이 있지요.

> 920만 년 전 코뿔소 화석이 화산암 속에서 발견되었습니다!

알갱이 작고 동그랗고 단단한 물질.
유문암 화산암의 하나로, 흰색을 띠며 물결무늬가 있다. 도자기나 건축 재료로 쓴다.

어휘력 체크

뜻풀이에 해당하는 단어를 음절 구슬에서 찾아 묶고, 빈칸에 써 보세요.

들	끓	다	열	직
화	산	암	마	정
산	력	화	성	암
활	채	취	하	다
동	척	암	들	그

① 마그마가 식어서 만들어진 암석　　　　　

② 어떤 일에 뜨거운 애정을 가지고 열중하는 마음　　　　　

③ 기쁨, 감격, 증오 등의 심리 현상이 점점 높아지다　　　　　

④ 마그마가 빠르게 식어서 만들어진, 알갱이가 작은 암석　　　　　

⑤ 풀, 나무, 광석 등을 찾아 베거나 캐다　　　　　

⑥ 마그마가 지표로 분출하는 현상　　　　　

47

엄마의 변성 작용?

핵심 단어: 변성 작용, 변성암, 석회암, 대리암

변성 작용

지표의 암석이 지하 깊은 곳으로 들어가 열과 압력을 받거나, 암석의 틈으로 마그마가 뚫고 들어와 암석의 구조와 성질 등이 변하게 되는 과정을 말해요. 열의 영향으로 원래 암석을 이루는 알갱이의 성질이 변하거나 크기가 커지기도 하고, 압력의 영향으로 암석 속 알갱이가 압력 방향에 수직으로 배열되면서 줄무늬가 만들어지기도 하지요.

> 해수욕장에 있는 바위들은 각기 다른 변성 작용을 일으켰습니다.

구조 부분이 어떤 전체를 짜 이룸.
성질 물체나 현상이 원래부터 가지고 있는 특성.

변성암

변성 작용으로 만들어진 암석을 말해요. 원래 암석의 종류에 따라 다양하게 나타나며, 같은 암석이라도 열과 압력을 받은 정도에 따라 다양하게 나타나지요. 예를 들어 퇴적암의 한 종류인 셰일은 편암이 되고, 더 높은 열과 압력을 받으면 편마암이 돼요.

> 수십억 년의 세월을 견딘 변성암 지대에 오다!

세월 흘러가는 시간.
지대 자연적, 또는 사람에 의해 한정된 일정 지역.

석회암

물에 녹아 있던 석회 물질이나 조개껍데기, 산호와 같은 생물의 유해가 쌓여 굳어진 암석을 말해요. 시멘트, 석회, 비료 등의 원료로 쓰이지요.

> **석회암**의 마법, **석회 동굴**로 떠나 보자!

산호 따뜻하고 얕은 바다 속 바위에 붙어 사는 동물. 나뭇가지 모양으로 모여 산다.

석회 동굴 빗물이나 지하수가 석회암 지대를 녹여 생긴 동굴.

대리암

석회암이 변성 작용을 받아 만들어진 변성암이에요. 흔히 흰색을 띠나 검은색, 붉은색, 누런색 등 다른 색을 띠는 것도 있어요. 세공이 쉬워 장식용이나 건축, 조각 등에 많이 쓰이지요.

> 이 도시에는 세계에서 품질이 가장 뛰어난 **대리암**이 채석된다.

채석되다 돌산이나 바위에서 건축 등에 쓰일 돌이 캐어지거나 떠 내어지다.

어휘력 체크

가로세로 뜻풀이를 보고 빈칸에 알맞은 단어를 써 보세요.

<가로> ① 자연적, 또는 사람에 의해 한정된 일정 지역
③ 어떤 암석이 열과 압력 등을 받아 구조와 성질이 변한 암석
⑤ 물체나 현상이 원래부터 가지고 있는 특성

<세로> ② 석회암이 변성 작용을 일으켜 만들어진 암석
④ 암석이 열과 압력 등을 받아 구조와 성질이 변하는 과정
⑥ 돌산이나 바위에서 건축 등에 쓰일 돌이 캐어지거나 떼내어지다

폭염

낮 최고 기온이 33℃를 넘는 매우 더운 날씨를 말해요. 기상청에서는 낮 최고 기온이 33℃ 이상이면서 이 더위가 2일 이상 지속된다고 예상될 때 폭염 주의보, 낮 최고 기온이 35℃ 이상이면서 이 더위가 2일 이상 지속된다고 예상될 때 폭염 경보를 발령해요.

지속되는 **폭염**에 농산물 가격 폭등!

지속되다 어떤 상태가 오래 계속되다.
폭등 물건의 값 등이 갑자기 큰 폭으로 오름.

포화 상태

어떤 기온에서 일정한 양의 공기가 수증기를 최대로 포함하고 있는 상태를 말해요. '더 이상의 양을 수용할 수 없이 가득 찬 상태'로 뜻이 확대되기도 하지요.

중환자실 병상은 이미 **포화 상태**입니다.

중환자실 병이나 상처 등의 정도가 매우 심한 환자를 가장 효과적으로 치료하기 위한 병실.
병상 병든 사람이 누워서 쉬고 잘 수 있도록 만든 기구.

포화 수증기량

포화 상태의 공기 1kg이 최대로 포함할 수 있는 수증기량을 g으로 나타낸 것을 말해요. 기온이 높아지면 증가하고, 기온이 낮아지면 감소하지요.

> 제습기 사용으로 현재 공기의 포화 수증기량을 늘려 보아요!

제습기 공기 중의 수분을 직접 흡수하거나 물로 만듦으로써 습기를 제거하는 전기 기구.

응결

대기 중의 수증기가 물방울로 변하는 현상을 말해요. 기온이 낮아지면 공기가 포함할 수 있는 수증기의 양이 줄어들면서 수증기의 일부가 응결되지요.

> 오늘 아침, 수증기가 응결되어 가시거리 1km 미만의 안개가 끼는 곳이 있겠습니다.

가시거리 눈으로 볼 수 있는 거리. '가시거리 밖'은 맨눈으로 알아볼 수 없는 거리를 말한다.

어휘력 체크

초성을 보고 문장에 들어갈 알맞은 단어를 써 보세요.

올 여름, 에어컨 가동 횟수 증가

올 여름 기록적인 ㉠ ㅍ ㅇ 이 지속되어 에어컨을 트는 날이 늘어나면서 전기 공급이 어려워 전기 요금이 ㉡ ㅍ ㄷ 하고 있습니다.

정답 ㉠ _____

㉡ _____

코로나로 인해 병원 비상 사태!

코로나 확진으로 ㉢ ㅈ ㅎ ㅈ ㅅ 입원 환자가 크게 늘어나면서 ㉣ ㅂ ㅅ 수는 이미 ㉤ ㅍ ㅎ ㅅ ㅌ 에 이르렀습니다.

정답 ㉢ _____

㉣ _____

㉤ _____

태양 관측

핵심 단어: 망원경　태양　흑점　쌀알 무늬

망원경

거울이나 렌즈를 이용하여 빛을 모으고 확대하여 멀리 있는 것들을 크고 정확하게 보도록 만든 장치를 말해요. 가시광선, 전파, 적외선, 자외선 등 여러 종류의 빛을 관측하는 망원경들이 있지요.

> 대형 **망원경** 설치할 새 명당을 찾다!

확대하다 넓혀서 크게 하다.
명당 어떤 일에 썩 좋은 자리.

태양

지구를 비롯한 여덟 개 행성과 태양계의 중심이 되는 항성이에요. 지름은 지구의 109배이며, 지구보다 약 33만 배 무거워요. 25일에 한 번씩 자전하며, 표면 온도는 약 6000℃에 달하지요. 태양이 방출하는 모든 종류의 막대한 에너지 덕분에 지구의 생명이 살 수 있어요.

> 태풍 지나고 고개 내미는 **태양**!

항성 스스로 빛을 내는 고온의 천체.
막대하다 더할 수 없을 만큼 많거나 크다.

흑점

태양의 표면에 나타나는 크기와 모양이 불규칙한 어두운 무늬를 말해요. 흑점의 온도는 약 4000℃로, 주위보다 온도가 낮아 어둡게 보이지요.

> 태양 흑점 폭발로 휴대폰이 끊길 수 있다고?

불규칙하다 규칙에서 벗어나 있다. 또는 규칙이 없다. '불규칙한 생활', '불규칙한 소리' 등으로 쓰임.

쌀알 무늬

태양 표면에 나타나는 쌀알을 뿌려 놓은 것 같은 무늬를 말해요. 태양 표면 아래에서 일어나는 대류 때문에 생기는데, 태양 내부에서 고온의 물질이 올라오는 곳은 밝고, 표면에서 냉각된 물질이 내려가는 곳은 어둡지요.

> 태양의 쌀알 무늬 보러 천체 관측소 가 볼까!

냉각되다 식어서 차갑게 되다.
관측소 날씨 현상이나 천체를 관측하는 곳.

어휘력 체크

뜻풀이에 해당하는 단어를 음절 구슬에서 찾아 묶고, 빈칸에 써 보세요.

불	막	흑	점	두
전	규	대	태	양
명	상	칙	하	폭
당	칙	온	하	다
쌀	알	무	늬	다

① 태양계의 중심이 되는 항성

② 더할 수 없을 만큼 많거나 크다

③ 태양 표면의 크기와 모양이 불규칙한 어두운 무늬

④ 태양 표면에 나타나는 쌀알을 뿌려 놓은 것 같은 무늬

⑤ 규칙에서 벗어나 있다. 또는 규칙이 없다

⑥ 어떤 일에 썩 좋은 자리

황사랑 미세 먼지 싫어!

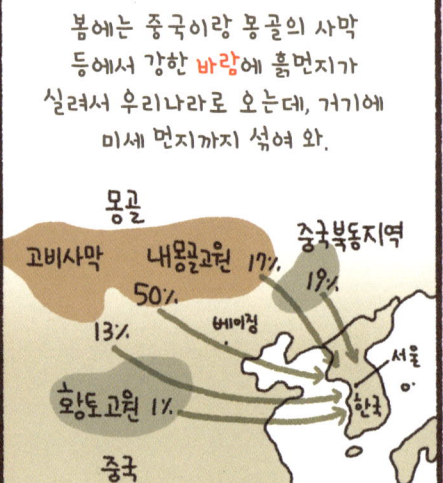

핵심 단어: 바람　황사　미세 먼지　습도

바람

두 지점 사이에 기압 차이가 생기면 공기는 기압이 높은 곳에서 낮은 곳으로 이동하는데, 공기가 수평 방향으로 이동하는 흐름을 말해요.

태풍의 상륙으로 강한 **바람**과 많은 비가 예상됩니다.

수평 지구 중력의 방향과 직각을 이루는 방향.
상륙 땅으로 오름.

황사

주로 중국 북부나 몽골의 사막 지대와 황토 고원에서 강력한 바람에 의해 올라간 미세한 흙먼지가 먼 거리를 이동하여 우리나라의 지상으로 내려오는 것을 말해요. 주로 3~5월에 발생하지요.

최악의 **황사**, 한반도를 덮치다!

고원 높은 곳에 있는 넓은 벌판.
미세하다 분간하기 어려울 정도로 아주 작다.

미세 먼지

지름 10㎛(마이크로미터) 이하의, 눈으로 분간하기 어려울 정도로 아주 작은 먼지를 말해요. 중금속과 각종 화학 물질을 포함하고 있어 문제가 되고 있지요.

> 오늘 **미세 먼지** 농도는 '좋음' 수준을 유지하겠습니다.

분간하다 물체의 정체를 구별하거나 가려서 알다.
중금속 납, 수은, 카드뮴, 크로뮴 등 비중 4 이상의 무거운 금속. 체내에 축적되면 독성을 일으키는 치명적인 물질.
수준 사물의 가치나 질 등의 기준이 되는 일정한 표준이나 정도.

습도

공기 중에 수증기가 들어 있는 정도를 말해요. 공기 중의 수증기가 많으면 '습도가 높다', 적으면 '습도가 낮다'고 해요. 일상생활에서 주로 사용하는 습도는 상대 습도로, 현재 기온에서 공기의 습한 정도를 백분율(%)로 나타낸 것이에요.

> **습도** 높은 장마철, 빨래를 잘 말리는 방법은?

백분율 전체 수량을 '100'으로 하여 그것에 대해 가지는 비율.
장마철 여름철에 여러 날을 계속해서 비가 내리는 현상이 나타나는 기간. 주로 6~8월이다.

어휘력 체크

초성을 보고 문장에 들어갈 알맞은 단어를 써 보세요.

제습기, 여름에 선풍적인 인기몰이!

여름, 특히 비가 많이 내리는 ㉠ ㅈ ㅏ ㄴ ㄱ 에는 높은 ㉡ ㅅ ㄷ 로 인해 습기를 없애 주는 가전제품인 제습기가 높은 인기입니다.

정답 ㉠ _____

㉡ _____

한반도를 덮친 누런 먼지!

몽골의 황토 ㉢ ㄱ ㅇ 에서 생겨난 ㉣ ㅎ ㅅ 에 ㉤ ㅁ ㅅ ㄷ ㅈ 까지 최악의 대기 상태가 이어지고 있습니다.

정답 ㉢ _____

㉣ _____

㉤ _____

성운과 별의 탄생

핵심 단어: 우주, 오리온자리, 성간 물질, 성운

우주

행성, 별 등 모든 천체와 물질, 에너지, 시간을 포함하는 공간을 말해요. 우주의 나이는 약 138억 년이라고 하며, 지금도 팽창하고 있지요.

민간 우주 개발 시대가 열린다!

팽창하다 부풀어서 부피가 커지다.
민간 관청이나 정부 기관에 속하지 않음. '민간 기업', '민간 방송' 등으로 쓰임.

오리온자리

겨울철 남쪽 하늘에서 보이는 별자리 중 하나예요. H자 모양에 팔이 뻗은 것처럼 보이며, 중간에 나란히 빛나는 별 세 개가 있지요. 가장 화려하고 가장 찾기 쉬운 별자리로 꼽혀요.

겨울의 보석, 오리온자리에 얽힌 설화는?

설화 각 민족에게 전승되어 온 신화, 전설, 민담 등을 이르는 말.

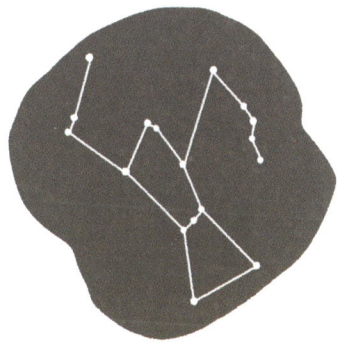

성간 물질

별과 별 사이의 넓은 공간에 희미하게 퍼져 있는 기체나 먼지 등을 말해요.

이 망원경은 **성간 물질**에서 나오는 희미한 신호를 잡아낼 것입니다.

희미하다 분명하지 못하고 어렴풋하다.

성운

별과 별 사이에 퍼져 있는 물질들이 모여 구름처럼 보이는 천체를 말해요.

허블 우주 망원경이 찍은 장미**성운** 사진 대공개!

허블 우주 망원경 미국 항공 우주국과 유럽 우주국이 개발한 우주 망원경. 1990년 우주 왕복선에 의해 지구 궤도에 올라 관측을 시작했다.

장미꽃 모양의 장미성운

66 지구과학

어휘력 체크

사다리를 타고, 해당 단어의 뜻풀이를 찾아 선을 그어 보세요.

① 우주

② 성운

③ 오리온자리

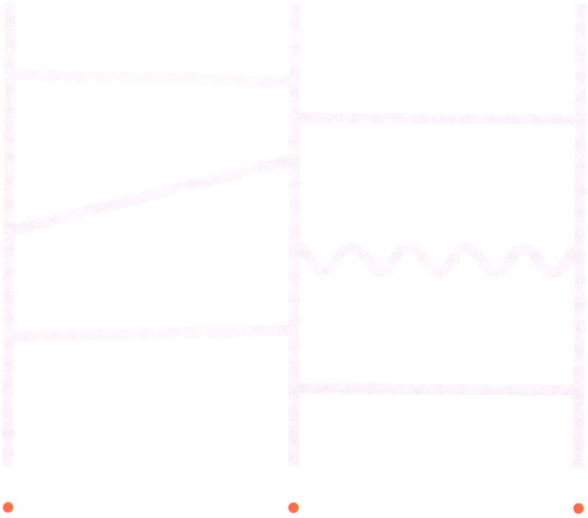

ㄱ. 별과 별 사이에 퍼져 있는 물질들이 모여 구름처럼 보이는 천체

ㄴ. 가장 화려하고 가장 찾기 쉬운 겨울철 대표 별자리

ㄷ. 행성, 별 등 모든 천체와 물질, 에너지, 시간을 포함하는 공간

2장

생물

광합성
녹말
엽록체
피부
유전자
순종
잡종
영양소
바이타민
콩팥
여과
생물 다양성
종
동물계
개체
자극
반응
척수
무조건 반사
심장
혈액
소화
위
눈

뇌
귀
전정 기관
반고리관
미각
코
후각
후각 세포
외래종
서식지
멸종
멸종 위기종
혀
맛봉오리
맛세포
미각 신경
세포
염색체
DNA
혈소판
백혈구
혈관
유전
우성

열성
호르몬
내분비샘
항상성
생장

광합성을 왜 네가 해

핵심 단어: 광합성, 녹말, 엽록체, 피부

광합성

식물이 빛 에너지를 이용하여 스스로 양분을 만드는 과정을 말해요. 다른 생물을 먹어서 양분을 얻는 동물과는 달리 식물은 광합성을 통해 필요한 양분을 직접 만들지요.

식물의 광합성은 여름에 가장 활발하게 일어납니다.

활발하다 생기 있고 힘차며 시원스럽다.

녹말

식물의 광합성을 통해 만들어진 양분이에요. 잎에 그대로 저장하기도 하고, 열매, 줄기, 뿌리 등에 저장하기도 하지요. 벼나 보리는 열매, 감자는 줄기, 고구마는 뿌리에 저장하지요. 식물뿐만 아니라 동물이 열량을 내는 데 없어서는 안 될 양분이에요.

녹말로 만든 친환경 이쑤시개, 선풍적 인기!

친환경 자연환경을 오염하지 않고 자연 그대로의 환경과 잘 어울리는 일.
선풍적 갑자기 일어나 관심의 대상이 될 만한 것.
'선풍적 반응', '선풍적 사랑' 등으로 쓰임.

엽록체

식물 잎에 들어 있는 둥글거나 타원형의 작은 알갱이예요. 엽록체 속에는 엽록소라는 녹색 색소가 있는데, 이 엽록소가 빛에너지를 흡수하여 광합성을 하지요.

식물의 엽록체 속에 든 루테인 성분이 눈 건강에 효과가 있다는 사실이 입증되었습니다.

효과 어떤 목적을 지닌 행동에 의해 드러나는 좋은 결과.
입증되다 어떤 증거 등이 나와 증명이 되다.

피부

척추동물의 몸을 싸고 있는 조직이에요. 몸을 보호하고, 체온을 조절하는 등 여러 기능을 하지요. 또한 차가움, 뜨거움, 아픔, 가벼운 접촉, 누르는 아픔 따위를 느끼는 역할도 한답니다.

강한 자외선, 피부 건강을 크게 해치는 것으로 드러났습니다.

자외선 가시광선 영역의 자주색 빛보다 파장이 짧은 빛. 눈으로 볼 수 없고, 살균 작용을 한다.
해치다 어떤 상태에 손상을 입혀 망가지게 하거나 사람의 몸에 해를 입히다.

어휘력 체크

초성을 보고 문장에 들어갈 알맞은 단어를 써 보세요.

과일과 채소 시장에 새로운 바람!

자연환경을 오염하지 않고 기른
㉠ ㅊ ㅎ ㄱ 과일과 채소가
주부들 사이에
㉡ ㅅ ㅍ ㅈ 인 인기를 끌고 있습니다.

정답 ㉠ _____

㉡ _____

뜨거운 햇빛, 건강을 해칠 우려

여름철 야외에서 강한 햇빛을 오래 쬐면 ㉢ ㅈ ㅇ ㅅ 이
㉣ ㅍ ㅂ 건강을 크게 해치므로 조심해야 합니다.

정답 ㉢ _____

㉣ _____

순종이나 잡종이나

핵심 단어: 유전자, 순종, 잡종

유전자

생물의 특징에 대한 유전 정보의 기본 단위예요. 생물의 생김새나 성질을 발현시키는 원인이 되지요. 머리카락 색, 코의 모양, 목소리, 성격 등의 정보를 담고 있답니다.

> 33년 전 실종된 딸, 유전자 분석으로 상봉!

발현 속에 있거나 숨은 것이 밖으로 나타나거나 그렇게 나타나게 함.
상봉 서로 만남. '이산가족 상봉' 등으로 쓰임.

순종

한 가지 형질을 나타내는 유전자의 구성이 같은 개체를 말해요. 다른 계통과 섞이지 않은, 유전적으로 순수한 계통 또는 품종을 말하기도 하지요.

> 이 개는 진돗개 순종입니다.

계통 하나의 공통적인 것에서 갈려 나온 갈래.
품종 같은 종류의 생물을 고유한 특징에 따라 나눈 것.

잡종

한 가지 형질을 나타내는 유전자의 구성이 다른 개체를 말해요. 다른 동물 종과의 짝짓기나 식물의 수분에 의하여 생긴, 유전적으로 여러 종의 유전자가 섞인 생물을 말하기도 하지요.

> 농업 한류! 캄보디아에서 사료용 잡종 옥수수 재배 성공!

수분 수술의 꽃가루가 꽃의 중심부에 있는 암술머리에 옮겨 붙는 일.
재배 식물을 심어 가꾸는 것.

 **멘델이 수행한 수분의 방법** 유전학자 멘델은 완두콩을 이용해 유전 실험을 했어요.

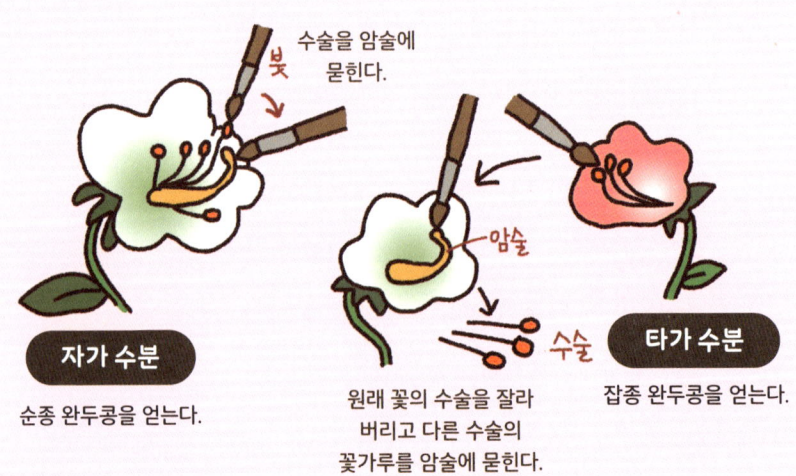

자가 수분 — 순종 완두콩을 얻는다.

수술을 암술에 묻힌다. 원래 꽃의 수술을 잘라 버리고 다른 수술의 꽃가루를 암술에 묻힌다.

타가 수분 — 잡종 완두콩을 얻는다.

어휘력 체크

사다리를 타고, 해당 단어의 뜻풀이를 찾아 선을 그어 보세요.

① 유전자 ② 순종 ③ 발현

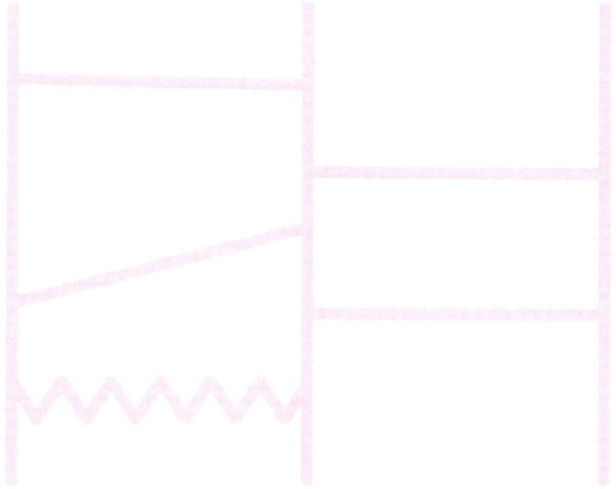

ㄱ. 속에 있거나 숨은 것이 밖으로 나타나거나 그렇게 나타나게 함

ㄴ. 생물의 특징에 대한 유전 정보의 기본 단위

ㄷ. 한 가지 형질을 나타내는 유전자의 구성이 같은 개체

바이타민이 몸에 좋다길래

핵심 단어: 영양소 바이타민 콩팥 여과

영양소

생물의 생명 활동에 필요한 물질이에요. 몸을 구성하기도 하고 에너지원으로 이용되거나 생명 활동을 조절하는 역할을 하기도 하지요.

> 바쁜 아침에는 간편하고 **영양소**가 풍부한 음식이 좋다.

생명 동물과 식물의, 생물체로서 살아 있게 하는 힘.
에너지원 에너지가 생기는 근원.
사람의 에너지원이 될 수 있는 영양소는 탄수화물, 지방, 단백질이고 이것을 3대 영양소라고 한다.

바이타민

적은 양으로 생명 현상을 조절하는 물질이에요. 체내에서 생성되지 않기 때문에 음식물로 섭취해야 하며, 부족하면 결핍증이 나타나지요. 과일, 채소 등에 많이 들어 있어요.

> 햇볕을 충분히 쬐지 못하면 **바이타민** D 결핍이 생길 수 있습니다.

생성되다 사물이 생겨나다.
결핍증 있어야 할 것이 없어지거나 모자라 나타나는 증세.

79

콩팥

강낭콩 모양으로 크기는 주먹만 하며, 허리의 등쪽 좌우에 한 개씩 있는 배설 기관이에요. 혈액 속의 노폐물을 걸러 오줌의 형태로 몸 밖으로 배출하지요.

> 돼지 콩팥을 사람에게 이식하는 수술이 성공했습니다.

이식 살아 있는 조직이나 장기를 몸에서 떼어 내어, 같은 개체의 다른 부분이나 다른 개체에 옮겨 붙이는 일.

여과

액체 속에 든 물질을 걸러 내는 일을 말해요. 콩팥에서는 포도당, 요소 등 크기가 작은 물질이 물과 함께 사구체에서 보먼주머니로 이동하여 여과되지요.

> 소금의 과다한 섭취는 콩팥의 여과 기능 감소를 불러온다.

포도당 당 중에 구조가 가장 간단한 물질 중 하나. 흰 결정으로, 단맛이 있고 물에 잘 녹는다. 에너지원으로 사용된다.
요소 간에서 만들어지는 물질 중 하나로, 오줌에 들어 있다.

어휘력 체크

뜻풀이에 해당하는 단어를 음절 구슬에서 찾아 묶고, 빈칸에 써 보세요.

생　　성　　되　　다　　여

인　　특　　바　　이　　과

결　　영　　이　　원　　태

핍　　양　　타　　오　　당

증　　소　　민　　콩　　팥

① 생물의 생명 활동에 필요한 물질

② 적은 양이 필요하지만 체내에서는 생성되지 않는 물질

③ 혈액 속의 노폐물을 걸러 오줌으로 배출하는 배설 기관

④ 액체 속에 든 물질을 걸러 내는 일

⑤ 사물이 생겨나다

⑥ 있어야 할 것이 모자라 나타나는 증세

생물 다양성을 지켜라?

핵심단어: 생물 다양성 / 종 / 동물계 / 개체

생물 다양성

어떤 지역에 살고 있는 생물의 다양한 정도를 말해요. 생태계가 다양할수록 높아지며, 같은 종류의 생물에서도 생김새와 특성이 다양할수록 높아져요.

울산에서는 생물 다양성 탐사 행사가 마련되었습니다.

생태계 어떤 장소에서 생물 요소와 이를 둘러싼 비생물 요소(빛, 기후, 토양 등의 무기적 환경)가 서로 영향을 주고받는 것.
마련되다 미루어 생각되어 갖춰지다.

종

생물 중 생김새와 생활 방식이 비슷하고 자연 상태에서 짝짓기하여 번식이 가능한 자손을 낳을 수 있는 생물 무리를 뜻해요. 생물을 분류하는 기본 단위지요.

전문가와 함께 생물 종 목록을 만들어요!

전문가 어떤 분야를 연구하거나 그 일에 종사하여 그 분야에 상당한 지식과 경험을 가진 사람.
목록 어떤 물건의 이름이나 책 제목 등을 일정한 순서로 적은 것.

동물계

핵이 있는 세포로 이루어진 생물 중 몸이 여러 개의 세포로 이루어져 있고, 운동성이 있으며, 다른 생물을 먹이로 삼아 양분을 얻는 생물 무리를 말해요.

> **동물계** 약육강식, 절대 진리 아니다!

운동성 운동하는 성질. 어떤 자극의 영향으로 반응을 나타내는 일.
약육강식 약한 자가 강한 자에게 먹힌다는 뜻으로, 강한 자가 약한 자를 희생시켜 잘되거나, 약한 자가 강한 자에게 멸망됨을 이르는 말.

개체

고유한 모양과 기능을 갖춘 여러 기관이 모여 이루어진 독립된 생물체를 말해요. 살아가는 데에 필요한 독립적인 기능을 갖고 있지요.

> 방류된 바다거북 추적을 통해 **개체**를 돌보고 있습니다.

독립되다 다른 것에 속하거나 의존하지 않는 상태로 되다.
방류되다 물에 놓여 보내지다.

가로세로 뜻풀이를 보고 빈칸에 알맞은 단어를 써 보세요.

②

⑦

①

⑤⑥

④

③

<가로> ① 다른 것에 속하거나 의존하지 않는 상태로 되다 ●●●●
③ 핵이 있는 세포로 이루어진 생물 중 몸이 여러 개의 세포로 이루어져 있고, 운동성이 있으며, 다른 생물을 먹이로 삼아 양분을 얻는 생물 무리 ●●●
⑤ 어떤 지역에 살고 있는 생물의 다양한 정도 ●● ●●●

<세로> ② 물에 놓여 보내지다 ●●●●
④ 운동하는 성질 ●●●
⑥ 어떤 장소에서 생물 요소와 이를 둘러싼 비생물 요소가 서로 영향을 주고받는 것 ●●●
⑦ 미루어 생각되어 갖춰지다 ●●●●

무조건 반사?

핵심 단어: 자극, 반응, 척수, 무조건 반사

자극

빛, 소리, 온도와 같이 생물에 작용하여 어떤 변화를 일으키는 요인을 말해요. 몸에서 자극을 받아들이는 기관을 감각 기관이라고 하지요.

> 그는 갈비 10인분을 먹는 먹성으로 시청자들의 침샘을 자극시켰습니다.

먹성 음식을 먹는 양.
침샘 침을 내보내는 샘. 귀밑샘, 턱밑샘, 혀밑샘 등이 있다.

반응

외부의 자극을 받았을 때 몸의 조직이나 세포에 나타나는 변화를 말해요. 자극에 대해 반응을 하는 운동 기관에는 팔, 다리 등이 있지요.

> 시큰둥한 반응 속에서 행사가 마무리되었습니다.

시큰둥하다 마음이 흡족하지 않거나 못마땅하여 생기가 없어지다.

척수

감각 기관에서 받아들인 자극을 뇌로 전달하고, 뇌의 명령을 몸의 각 부분으로 전달하는 통로 역할을 하는 기관이에요. 척추뼈 구멍이 이어져서 이루어진 관인 척주관 속에 있지요.

> 신경 난치병 치료약, 척수에 전달할 수 있는 기법 첫 개발!

척추 머리뼈 아래에서 엉덩이 부위까지 이어져 있는 33개의 뼈.
난치병 고치기 어려운 병.

무조건 반사

대뇌의 판단 과정을 거치지 않아 자신의 의지와 관계없이 일어나는 반응을 말해요. 뜨거운 물체를 만졌을 때 손을 떼는 행동, 눈앞에 물체가 날아올 때 눈을 감는 행동 등이 해당되지요. 반대로 뇌를 거치는 반사는 '조건 반사'라고 해요. 배가 고플 때 맛있는 음식을 보면 침이 저절로 나오는 것은 뇌가 음식의 맛을 기억하고 침이 나도록 명령을 내렸기 때문이지요.

> 카메라 들이대면 브이자는 무조건 반사?

판단 논리나 기준 등에 따라 판별하여 결정함.
들이대다 바싹 가져다 대다.

어휘력 체크

초성을 보고 문장에 들어갈 알맞은 단어를 써 보세요.

식을 줄 모르는 먹방 열풍!

유튜브에서는 해가 지나도 ㉠ ㅊ ㅅ 을 ㉡ ㅈ ㄱ 하는 먹방이 높은 인기를 얻고 있습니다.

정답 ㉠ _____
　　 ㉡ _____

이채리, 카메라를 향해 아낌없는 하트

아이돌 멤버 이채리 양이 카메라를 ㉢ ㄷ ㅇ ㄷ 때 하트를 그리는 것은 거의 ㉣ ㅁ ㅈ ㄱ ㅂ ㅅ 수준입니다.

정답 ㉢ _____　㉣ _____

유식이의 위 운동

핵심단어: 심장 혈액 소화 위

심장

가슴에 있는 주먹만 한 크기의 기관으로, 한순간도 쉬지 않고 수축과 이완을 반복하면서 혈액을 순환시켜요. 두꺼운 근육으로 되어 있지요.

> 그녀의 눈웃음은 그의 **심장**에 치명적이었습니다.

치명적 생명을 위협하는 것.

혈액

사람이나 동물의 몸 안을 돌며 산소와 영양분을 공급하고, 이산화 탄소와 노폐물을 운반하는 액체예요. 사람의 혈액은 붉은색을 띠지만, 동물 가운데에는 혈액이 파란색을 띠는 종도 있지요.

> 주민들이 사랑의 헌혈로 **혈액** 수급 위기 극복에 참여하고 있습니다.

헌혈 수혈이 필요한 환자를 위하여 혈액을 뽑아 줌.
수급 받고 줌.

소화

음식물에 들어 있는 영양소 중 크기가 큰 영양소를 체내에 흡수될 수 있을 정도로 크기가 작은 영양소로 분해하는 과정을 말해요. 예를 들어, 크기가 큰 녹말은 크기가 작은 포도당으로 분해되지요.

> 이 약은 소화 기능 향상에 도움을 주는 것으로 나타났습니다.

향상 실력, 수준, 기술, 이익 등이 나아짐.

위

주머니 모양으로 생겼으며, 위액을 분비하여 단백질을 소화하는 기관이에요. 위액에 든 소화 효소인 펩신과 강한 산성을 띠는 염산의 작용으로 음식물 속의 단백질이 분해되지요.

> 양배추는 위 점막을 보호하여 위염 완화에 도움을 줍니다.

점막 위장, 소장, 대장, 기도와 같은 대롱 모양의 신체 기관들 속 벽을 덮고 있는 부드럽고 끈끈한 막.
위염 위 점막에 생기는 염증성 질환. 속 쓰림, 소화 불량, 구토 등의 증상을 보인다.

어휘력 체크

뜻풀이에 해당하는 단어를 음절 구슬에서 찾아 묶고, 빈칸에 써 보세요.

심	신	분	혈	액
해	장	주	염	완
크	양	위	소	화
향	상	배	료	두
기	치	명	적	형

① 수축과 이완을 반복하면서 혈액을 순환시키는 기관

② 생명을 위협하는 것

③ 위 점막에 생기는 염증성 질환

④ 음식물 속의 크기가 큰 영양소를 크기가 작은 영양소로 분해하는 과정

⑤ 몸 안을 돌며 산소와 영양분을 공급하고, 노폐물을 운반하는 액체

⑥ 실력, 수준, 기술, 이익 등이 나아짐

뇌가 헷갈리니까

핵심 단어: 눈, 뇌, 귀, 전정 기관, 반고리관

눈

빛을 받아들여 물체의 모양이나 색깔, 사물과의 거리 등을 볼 수 있는 감각 기관이에요.

눈은 마음의 창이라는 말이 와닿는 요즘입니다.

와닿다 어떤 글이나 말, 음악 등이 마음에 공감을 일으키게 되다.

뇌

외부에서 오는 여러 가지 감각 정보를 종합하여 적절한 반응을 하도록 명령을 내리는 기관이에요. 대뇌, 소뇌, 간뇌(사이뇌), 중간뇌, 연수(숨뇌), 다리뇌로 구분하지요.

뇌를 젊게 유지하는 법, 관심 집중!

적절하다 일정한 기준, 조건 등에 꼭 알맞다.

귀

소리를 감지하여 들으며, 몸이 회전하거나 기울어지는 것을 느끼는 감각 기관이에요.

소외된 사람들의 의견에도 **귀**를 기울여야 합니다.

소외되다 어떤 무리에서 피하게 되어 따돌림을 당하다.

전정 기관

몸의 균형을 감지하는 기관이에요. 귓속에 있지요. 몸이 기울어짐에 따라 전정 기관에 들어 있는 칼슘 성분의 작은 뼛조각이 움직이고, 이것이 감각 세포를 흥분시켜 몸이 기울어짐을 느끼게 하지요.

> 머리 움직일 때 핑 도는 어지러움… 전정 기관 이상 의심해야!

흥분 자극을 받아 생기는 감각 세포나 몸 상태의 변화.

반고리관

몸이 회전하는 자극을 받아들이는 기관이에요. 세 개의 고리가 서로 직각으로 연결되어 있고, 그 속에는 림프액이 들어 있어요. 몸이 회전하면 림프액이 움직이고 감각 세포를 움직여서 회전을 느끼게 해요.

> 이석증은 전정 기관에 있던 작은 뼛조각이 반고리관으로 들어가 어지럼 등이 생기는 질환입니다.

림프액 척추동물의 조직 사이를 채우는 무색의 액체. 혈관과 조직을 연결하며 면역 물질을 운반하고, 장에서는 지방을 흡수, 운반한다.

어휘력 체크

사다리를 타고, 해당 단어의 뜻풀이를 찾아 선을 그어 보세요.

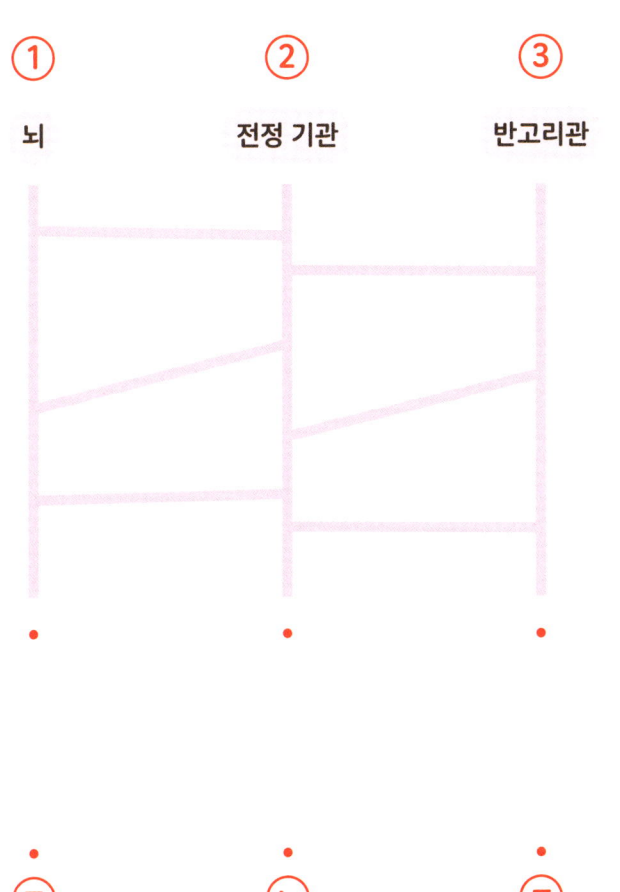

① 뇌
② 전정 기관
③ 반고리관

ㄱ. 몸이 회전하는 자극을 받아들이는 기관
ㄴ. 외부의 감각 정보를 종합하여 적절한 반응을 하도록 명령을 내리는 기관
ㄷ. 몸의 균형을 감지하는 귓속 기관

코감기와 입맛

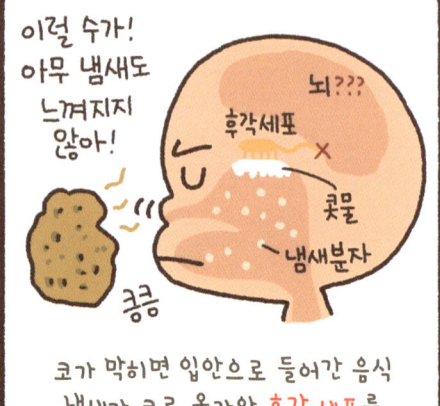

미각

혀를 통해 맛을 느끼는 감각을 말해요. 액체 상태의 화학 물질을 자극으로 감지하지요.

> **미각**을 충족하는 음식들의 향연이 펼쳐진다!

충족하다 일정한 분량을 채워 모자람이 없게 하다.
향연 손님을 특별히 대접하는 잔치.

코

공기 중에 있는 기체 상태의 화학 물질을 자극으로 받아들이는 감각 기관이에요. 숨을 들이쉬고 내쉬는 역할도 하고, 소리 내는 것을 돕기도 하지요.

> **코**를 세게 풀어야 시원해? 그러다 **고막**에 구멍 생길 수도⋯.

고막 귓구멍 안쪽에 있으며, 소리에 의해 진동하는 얇은 막. 소리를 속귀 쪽으로 전달해 준다.

후각

냄새를 맡는 감각. 기체 상태의 화학 물질을 자극으로 받아들이는 감각을 말해요. 코를 통해 느끼지요.

> 한국인에 맞춤한 후각 검사 방법이 개발되어 화제입니다.

맞춤하다 비슷한 정도로 알맞다.
화제 이야기할 만한 재료나 소재.

후각 세포

기체 상태의 화학 물질을 자극으로 받아들이는 세포를 말해요. 콧속 윗부분의 후각 상피에 분포하고 있으며 길쭉한 모양을 하고 있지요. 후각 세포에서 받아들인 자극은 후각 신경을 통해 뇌로 전달되어 냄새를 맡아요. 매우 예민하여 한 가지 냄새에 쉽게 피로해지므로 같은 냄새를 오래 맡기 어렵지요.

> 모기나 꿀벌의 후각 세포를 이용해서 질병 진단 가능!

상피 생물의 몸과 체내 기관의 모든 표면을 둘러싸고 있는 얇은 겉껍질.
예민하다 자극에 대한 반응이나 감각이 지나치게 날카롭다.
진단 의사가 환자의 병 상태를 판단하는 일.

어휘력 체크

초성을 보고 문장에 들어갈 알맞은 단어를 써 보세요.

먹자 골목 축제 개막!

이번 먹자 골목 축제에서는 ㉠ ㅁㄱ 을 ㉡ ㅊㅈ 하는 다양한 음식들의 ㉢ ㅎㅇ 이 펼쳐질 예정입니다.

정답 ㉠ _____

㉡ _____

㉢ _____

소똥 냄새, 후각 세포를 상대로 1승 거둬

냄새를 맡는 세포인 ㉣ ㅎㄱㅅㅍ 는 후각 ㉤ ㅅㅍ 에 분포하며, 쉽게 피로해지므로 일정 시간이 지나면 냄새를 맡을 수 없게 됩니다.

정답 ㉣ _____

㉤ _____

외래종 탓이야!

 외래종 서식지 멸종 멸종 위기종

외래종

원래 살던 곳과 다른 환경인 새로운 곳으로 유입된 동식물을 말해요. 사람들이 의도적으로 옮기기도 하고, 우연히 옮겨지기도 하지요. 천적이 없으므로 원래 살던 동물인 토종 생물의 생존을 위협하기도 해요.

> 서울 중랑천에서 **외래종** 거북이 다수 발견되었습니다.

유입되다 어떤 곳으로 들어오게 되다.
의도적 무엇을 하거나 어떤 일을 이루려고 의미를 두거나 힘을 쓰는 것.

서식지

생물이 일정한 곳에 자리를 잡고 살고 있는 곳을 말해요. 땅, 연못, 강, 바다 등 다양하지요.

> 도시화와 도시 개발로 **서식지** 잃은 동물들의 이유 있는 습격!

도시화 도시 이외의 지역을 도시의 문화 형태로 만드는 것.
습격 갑자기 상대편을 덮쳐 공격함.

멸종

생태계에서 특정 생물 종이 영원히 사라지는 것을 말해요. 오랜 옛날에 살았던 생물들 중에는 공룡처럼 멸종되어 지금은 볼 수 없는 생물들이 많이 있지요.

> 이 세상에 꿀벌이 없어진다면 인류도 **멸종**에 이를 것이라고 합니다.

영원히 끝없이 이어지는 상태로. 또는 시간을 초월하여 변하지 않는 상태로.

멸종 위기종

과거에는 번성했지만 오늘날 개체 수가 많이 줄어 멸종 위기에 처해 있는 생물들을 말해요. 전 세계에서 멸종 위기종 보호를 위해 많은 노력을 기울이고 있지요.

> 구조된 **멸종 위기종** 물수리가 나흘 만에 자연의 품으로 돌아갔습니다.

번성하다 한창 왕성하게 일어나 퍼지다.
위기 위험한 단계나 시기.
물수리 수릿과의 조류로 강, 바다, 호수 등지에서 물고기를 잡아먹고 산다. 우리나라에서는 멸종 위기 야생 동물 2급으로 분류되었다.

겨울 철새 물수리

어휘력 체크

초성을 보고 문장에 들어갈 알맞은 단어를 써 보세요.

생태계를 어지럽히는 동물들이 나타났다!

이 지역의 호수에 ㉠ ㅇㄹㅈ 인 배스가 ㉡ ㅇㅇ 되어 생태계를 어지럽힐 우려가 큽니다.

정답 ㉠ _____

㉡ _____

구조된 수리부엉이, 자연의 품으로

부상을 입은 채 구조되었던 ㉢ ㅁㅈㅇㄱㅈ 수리부엉이가 자신이 살던 ㉣ ㅅㅅㅈ 로 돌아갔습니다.

정답 ㉢ _____ ㉣ _____

105

바쁜 미각 신경

핵심단어: 혀 · 맛봉오리 · 맛세포 · 미각 신경

혀

액체 상태의 화학 물질을 자극으로 받아들여 맛을 느끼는 감각 기관을 말해요. 혀로 느끼는 기본적인 맛에는 단맛, 짠맛, 신맛, 쓴맛, 감칠맛의 다섯 가지가 있지요.

> 매운맛은 혀가 느끼는 통증으로 밝혀졌습니다.

감칠맛 아미노산의 일종인 글루탐산의 맛으로, 고기, 생선, 다시마 등에서 느낄 수 있다.
통증 아픈 증세.

맛봉오리

혀의 표면에 있는 작은 돌기인 유두의 옆면에 있는 기관이에요.

> 간혹 칫솔로 혀를 심하게 닦는 경우가 있는데, 이로 인해 맛봉오리가 손상될 수 있어 바람직하지 않습니다.

간혹 어쩌다가 한 번씩. 어쩌다가 띄엄띄엄.
바람직하다 바랄 만한 가치가 있다. 그렇게 되었으면 하고 생각할 만큼의 가치가 있다.

맛세포

액체 상태의 화학 물질을 자극으로 받아들여 맛을 느끼는 감각 세포를 말해요. 혀의 표면에 있는 맛봉오리에 퍼져 있지요.

> **맛세포**를 자극하는 폭발적인 맛을 자랑합니다.

폭발적 무엇이 갑작스럽게 일어나는 것.

미각 신경

맛세포에서 받아들인 자극을 대뇌로 전달하는 신경이에요. 그러면 맛을 느낄 수 있게 되지요.

> 부드러운 음식과 화학조미료 등에 의해 **미각 신경** 퇴화 우려!

퇴화 생물체의 기관이나 조직의 형태가 단순해지고 크기가 작아지는 등 점점 변해 가거나 생겨나고 자라는 과정에서 이전 상태로 변화하는 것.

 미각을 느끼는 과정

입속으로 들어온 액체 물질이 맛봉오리에 있는 맛세포를 자극하면, 이 자극이 미각 신경을 통해 뇌로 전달되어 맛을 느낀다.

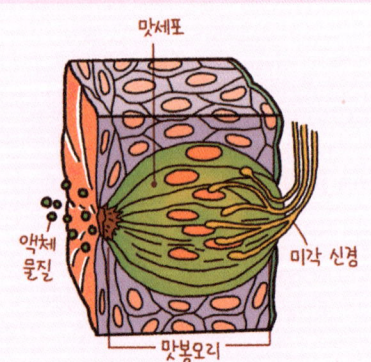

어휘력 체크

사다리를 타고, 해당 단어의 뜻풀이를 찾아 선을 그어 보세요.

① 맛봉오리

② 감칠맛

③ 미각 신경

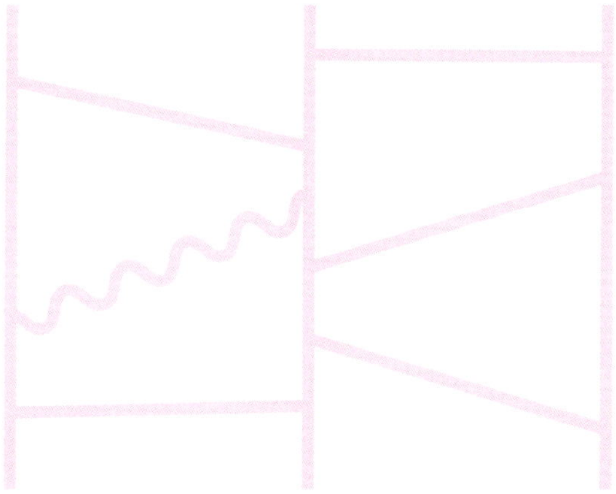

ㄱ. 혀의 표면에 있는 작은 돌기인 유두의 옆면에 있는 기관

ㄴ. 글루탐산의 맛으로, 고기, 생선, 다시마 등에서 느낄 수 있는 맛

ㄷ. 맛세포에서 받아들인 자극을 대뇌로 전달하는 신경

DNA를 떨어뜨리면 안 돼

세포

생물을 구성하는 구조적, 기능적 기본 단위예요. 대부분의 생물은 세포로 이루어져 있지요. 한 생물 내에서도 몸의 부위와 기능에 따라 세포의 모양과 크기가 다양해요.

면역 세포 치료제가 개발되고 있다는 소식입니다.

면역 몸속에 들어온 세균이나 바이러스를 죽여서 다음에는 그 병에 걸리지 않도록 된 상태.

염색체

생물의 특징을 결정하는 유전 물질이 모이고 뭉쳐서 만들어진 막대 모양의 작은 부분을 말해요. 생물의 세포 분열을 일으킬 때 나타나지요. 두 개의 가닥으로 이루어져 있어요.

염색체 이상의 가능성을 알아보는 새로운 검사 방법이 출시되었습니다.

이상 정상적인 상태와 다름.
출시되다 상품이 시중에 나오다.

DNA

염색체를 구성하는 유전 물질이에요. 주로 생물 세포의 핵 속에 들어 있지요. 분자가 이중 나선 구조를 띠며, 생물의 특징에 관한 여러 정보들이 담겨 있어요.

> 계곡에서 발견된 신원 미상 유골에 대해 경찰이 DNA 분석 결과를 내놓았습니다.

이중 나선 두 개의 대칭인 나선이 같은 축 방향으로 놓여 있는 모양.
신원 미상 개인에 관련된 자료가 확실하거나 분명하지 않음.

DNA의 구조

염색체를 구성하는 DNA에는 유전 정보인 유전자가 있으며, 이중 나선 구조를 띠고 있다.

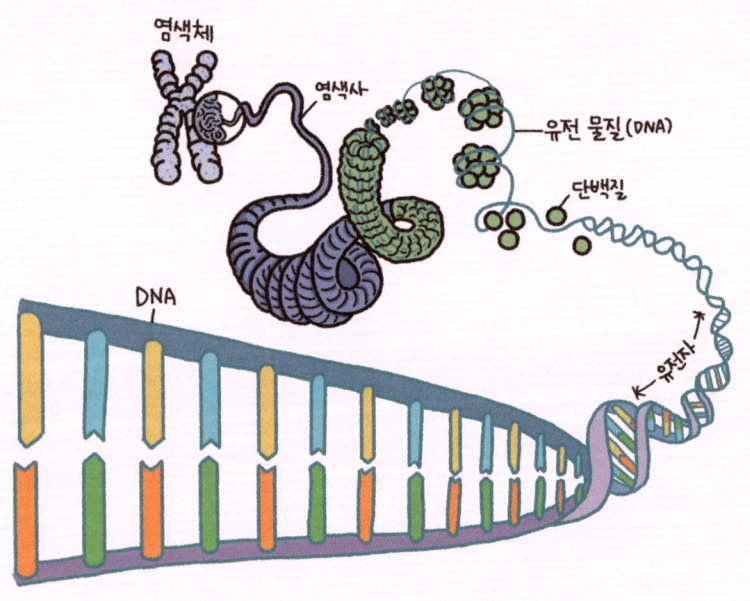

어휘력 체크

초성을 보고 문장에 들어갈 알맞은 단어를 써 보세요.

환절기 건강의 열쇠는?

환절기 건강을 위해서는 몸 안에 들어온 병균을 물리치는 ㉠ ㅁ ㅇ 을 담당하는 ㉡ ㅅ ㅍ 의 역할이 중요합니다.

정답 ㉠ _____

㉡ _____

㉢ ㅅ ㅇ ㅁ ㅅ 의 범인이란 없다

요즘은 사건 현장에서 수집한 머리카락이나 침 등에서 ㉣ ☐☐☐ 를 얻어 범인을 밝힐 수 있게 되었습니다.

정답 ㉢ _____ ㉣ _____

딱지 아래 백혈구

 혈소판 백혈구 혈관

혈소판

혈액 속에 있는 혈구의 종류 중 하나예요. 혈구 중 크기가 가장 작고, 모양이 일정하지 않으며, 핵이 없지요. 상처 부위의 출혈을 멈추게 하는 혈액 응고 작용을 해요.

> 수술 결과, 환자의 혈소판 수가 10배 증가하였습니다.

혈구 혈액 속에 포함되어 있는 적혈구, 백혈구, 혈소판 등의 세포 성분.
출혈 혈액이 혈관 밖으로 나옴.
증가하다 양이나 수치가 늘다.

백혈구

혈액 속에 있는 혈구의 종류 중 하나예요. 혈구 중 크기가 가장 크고, 모양이 일정하지 않으며, 핵이 있지요. 몸속에 침입한 세균과 바이러스 등을 잡아먹는 식균 작용을 해요.

> 코로나 중증 환자, 백혈구만 보면 안다!

중증 아주 위험한 병의 증세.

혈구의 종류

적혈구

혈소판

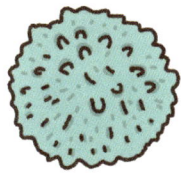
백혈구

혈관

혈액이 지나가는 길을 말해요. 몸 전체에 퍼져 있지요. 심장에서 나오는 혈액이 흐르는 동맥, 심장으로 들어가는 혈액이 흐르는 정맥, 조직에 그물처럼 퍼진 가느다란 모세 혈관으로 나뉘어요.

혈관을 잘 관리해야 뇌졸중을 예방할 수 있습니다.

관리하다 사람의 몸이나 동식물 등을 보살펴 돌보다.
뇌졸중 뇌혈관이 막히거나 터져서 뇌 기능에 이상이 생기는 질병. 손발의 마비, 언어 장애, 호흡 곤란 등의 증상이 나타난다.

혈관의 종류와 구조

동맥 혈관 벽이 두껍고 탄력성이 크다.
정맥 혈관 벽이 동맥보다 얇고 탄력이 약하다.
모세 혈관 혈액 속의 산소와 영양소가 조직 세포로 전달되고, 조직 세포에서 발생한 이산화 탄소와 노폐물이 혈액으로 이동한다.
적혈구 가운데가 오목한 원반 모양의 혈구. 몸의 각 부분에 산소를 운반한다.
판막 혈액이 거꾸로 흐르는 걸 막아 준다.

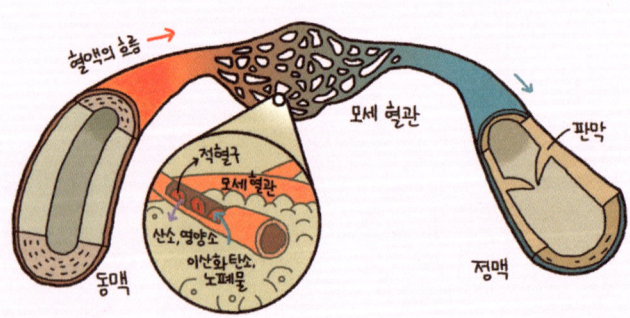

어휘력 체크

가로세로 뜻풀이를 보고 빈칸에 알맞은 단어를 써 보세요.

<가로> ① 상처 부위에서 혈액 응고 작용을 하는 혈구
③ 아주 위험한 병의 증세
⑥ 사람의 몸이나 동식물 등을 보살펴 돌보다

<세로> ② 몸속에 침입한 세균 등을 잡아먹는 식균 작용을 하는 혈구
④ 뇌에 혈액 공급이 제대로 되지 않아 손발 마비, 언어 장애, 호흡 곤란 등을 일으키는 증상
⑤ 양이나 수치가 늘다

이런 것도 유전되나요?

핵심 단어: 유전, 우성, 열성

유전

생물이 지니고 있는 성격, 생김새 등 여러 가지 특성을 형질이라 하는데, 형질이 부모에서 자녀에게 전달되는 현상을 말해요. 오스트리아의 성직자이면서 유전학자인 멘델이 처음 유전을 과학적으로 설명했지요.

사람의 유전 현상을 연구하는 방법에는 여러 가지가 있습니다.

과학적 과학의 바탕에서 보았을 때 정확하거나 맞는 것.

우성

한 가지 형질에 대해 서로 다른 대립 형질을 지닌 순종 개체끼리 교배하였을 때, 자손 1대에서 나타나는 형질을 말해요. 씨의 색깔이 노란색인 순종 완두와 초록색인 순종 완두를 교배했을 때 자손 1대에서 노란색이 나타났다면, 노란색이 우성이지요.

우리 가족은 쌍꺼풀 있는 게 우성이다.

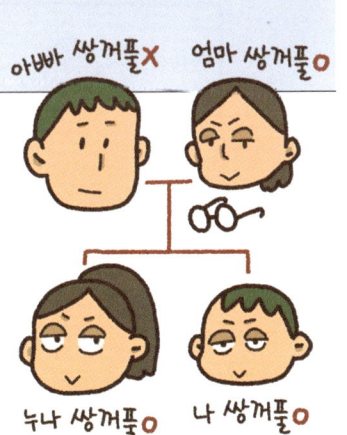

대립 형질 하나의 형질에 대해 뚜렷하게 대비되는 특징.
교배 생물의 암수를 사람이 관여하여 수정 또는 수분시켜 다음 세대를 얻는 일.

열성

한 가지 형질에 대해 서로 다른 대립 형질을 지닌 순종 개체끼리 교배하였을 때, 자손 1대에서 나타나지 않는 형질을 말해요. 씨의 색깔이 노란색인 순종 완두와 초록색인 순종 완두를 교배했을 때 자손 1대에서 노란색이 나타났다면, 초록색이 열성이지요.

이 병은 열성 유전으로 나타나는 신경 질환입니다.

신경 질환 신경의 구조나 기능이 방해를 받거나 멈추는 병.

멘델의 우열의 법칙＊

씨의 색깔이 노란색인 순종 완두와 초록색인 순종 완두를 교배한 결과 자손 1대에서 노란색이 나타났다면, 노란색이 우성 형질, 초록색은 열성 형질이다.

＊ 대립 형질끼리 교배하면 중간 색깔이나 모양이 나오지 않고 어느 한쪽의 형질만 드러난다는 법칙.

어휘력 체크

뜻풀이에 해당하는 단어를 음절 구슬에서 찾아 묶고, 빈칸에 써 보세요.

열	대	립	형	질
신	교	어	우	중
경	완	배	성	비
질	두	김	새	유
환	과	학	적	전

① 신경의 구조나 기능이 방해를 받거나 멈추는 병

② 생물의 암수를 수정 또는 수분시켜 다음 세대를 얻는 일

③ 생물이 지니고 있는 성격, 생김새 등 여러 가지 특성이 부모에서 자녀에게 전달되는 현상

④ 과학의 바탕에서 보았을 때 정확하거나 맞는 것

⑤ 하나의 형질에 대해 뚜렷하게 대비되는 특징

⑥ 서로 다른 대립 형질을 지닌 순종 개체끼리 교배하였을 때, 자손 1대에서 나타나는 형질

환경 호르몬은 나빠!

호르몬

특정 세포나 기관으로 신호를 전달하여 몸의 기능을 조절하는 물질을 말해요. 종류에 따라 그 역할이 다르고, 영향을 주는 기관도 다르지요. 분비량이 너무 많거나 적으면 이상 증상이 나타나요.

> 비만 체질을 만드는 '뚱보 호르몬'이 있다고?

조절하다 균형이 맞게 바로잡다. 또는 적당하게 맞추어 나가다.
체질 태어날 때부터 지니는 몸의 기능에 관련된 성질이나 건강상의 고유한 특성.

내분비샘

호르몬을 만들어 분비하는 곳을 말해요. 뇌하수체, 갑상샘, 부신, 이자, 난소, 정소 등이 있지요. 각 내분비샘은 다양한 호르몬을 분비하여 몸의 기능을 조절해요.

> 내분비샘의 기능을 교란하는 화학 물질이 여전히 많은 작업장에서 쓰이고 있습니다.

교란하다 마음이나 상황 등을 뒤흔들어서 어지럽고 혼란하게 하다.
작업장 일을 하는 곳. 일터.

항상성

외부 환경이 변하더라도 몸의 상태를 일정하게 유지하는 성질을 말해요. 우리 몸에서는 호르몬과 신경계의 조절 작용으로 항상성이 유지되지요.

> 뇌의 **항상성** 유지 메커니즘 최초로 규명!

메커니즘 사물의 작용 원리나 구조.
규명 어떤 사실을 자세히 따져서 바로 밝힘. '원인 규명', '진상 규명' 등으로 쓰임.

생장

생물이 자라는 현상을 말해요. 생물체를 이루고 있는 세포의 수가 많아져 크기가 커지거나 무게가 증가하며 생장이 일어나지요.

> 피톤치드는 일반적으로 나무의 **생장**이 왕성한 여름철에 가장 많이 발생합니다.

피톤치드 나무에서 뿜어 나와 주위의 세균과 해충, 곰팡이 등을 죽이는 항균·살균성 물질.
왕성하다 기운이나 세력이 한창 일어나다.

어휘력 체크

초성을 보고 문장에 들어갈 알맞은 단어를 써 보세요.

아침 햇볕, 숙면에 보약!

환절기 건강을 위해서는 면역 반응 전반을 ㉠ ㅈㅈ 하고 몸 안에 들어온 병균을 물리치는 역할을 담당하는 ㉡ ㅎㄹㅁ 의 역할이 중요합니다.

정답 ㉠ _____

㉡ _____

여름의 뜨거운 햇볕을 막아 주는 숲으로 오세요

나무의 ㉢ ㅅㅈ 이 왕성한 여름에는 나무가 내뿜는 ㉣ ㅍㅌㅊㄷ 를 맘껏 마실 수 있다.

정답 ㉢ _____

㉣ _____

자율 주행 자동차	운동 에너지
인공 지능	위치 에너지
음파	역학적 에너지
파장	전압
힘	전기 에너지
탄성	소비 전력
탄성체	전력량
탄성력	빛의 굴절
중력	상
무게	볼록 렌즈
질량	오목 렌즈
빛의 반사	전기력
평면거울	인력
볼록 거울	척력
에너지	마찰 전기
사물 인터넷	진공
열량	전도
운동	대류
평균 속력	복사
전기 회로	광원
전류	빛의 직진
저항	빛의 삼원색
열	빛의 합성
공기 저항	

자율 주행 자동차

핵심 단어: 자율 주행 자동차, 인공 지능, 음파, 파장

자율 주행 자동차

사람이 직접 운전하지 않아도 스스로 주행하는 자동차를 말해요. 다양한 감지기로 주변 상황을 인식하고, 인식한 정보를 처리하며 달리지요.

머지않아 운전할 때 손도 눈도 떼는 **자율 주행 자동차**의 시대가 열릴 것입니다.

주행하다 자동차나 열차 등이 달리다.
인식하다 사물을 분별하고 판단하여 알다.

인공 지능

기계가 인간과 같은 지능을 가지는 것을 말해요. 영어 약자로 AI(Artificial Intelligence)라고도 하지요. 인간의 지능으로 할 수 있는 사고, 학습, 자기 계발 등을 컴퓨터가 할 수 있도록 하는 방법을 연구해요. 스마트폰의 인공 지능 비서, 인공 지능 스피커, 자율 주행 인공 지능 등에 사용되지요.

홍수와 지진 피해, **인공 지능**으로 예측하는 기술 개발!

지능 계산이나 문장 작성 등의 지적 작업에서의 학습 능력과 인지적 반응을 포함하는 총체적인 능력.
사고 생각하고 궁리함.
예측하다 미리 헤아려 짐작하다.

음파

소리를 내는 물체가 공기나 물 등을 진동시켜 사람의 귀에 들리는 파동을 말해요.

> 소나는 **음파**로 물속 물체의 종류와 방위, 거리 등을 알아내는 장비다.

진동 한 점을 중심으로 왼쪽, 오른쪽 또는 위아래로 왔다 갔다 하면서 움직이는 상태.
파동 한곳에서 만들어진 진동이 주위로 퍼져 나가는 것.

파장

정지된 상태에서 반복되는 파동을 보았을 때 파동을 전달하는 물질의 위치가 가장 높은 곳에서 이웃한 가장 높은 곳, 또는 가장 낮은 곳에서 이웃한 가장 낮은 곳까지의 거리를 말해요.

> **파장**이 짧은 파란색 빛은 공기에 산란된다.

산란 파동이 물체와 충돌하여 여러 방향으로 흩어지는 현상.

 파동과 파장 그림처럼 파동의 진행 방향과 진동 방향이 수직인 것을 '횡파'라고 한다.

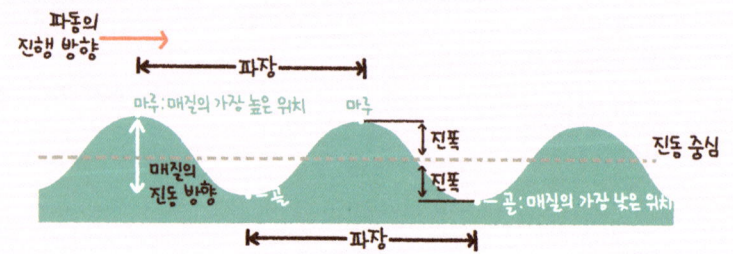

어휘력 체크

가로세로 뜻풀이를 보고 빈칸에 알맞은 단어를 써 보세요.

<가로>　① 사람이 직접 운전하지 않아도 스스로 달리는 자동차
　　　　　◯◯◯◯◯
　　　　④ 사물을 분별하고 판단하여 알다 ◯◯◯◯
　　　　⑥ 학습 능력과 인지적 반응을 포함하는 총체적인 능력 ◯◯

<세로>　② 자동차나 열차 등이 달리다 ◯◯◯◯
　　　　③ 한 점을 중심으로 반복적으로 왔다 갔다 하면서 움직이는 상태
　　　　　◯◯
　　　　⑤ 기계가 인간과 같은 지능을 가지는 것. 영어 약자로 AI ◯◯◯◯

탄성으로 물리쳐라

핵심단어: 힘 탄성 탄성체 탄성력

힘

물체의 모양, 운동 방향, 빠르기를 변하게 하는 원인을 말해요. 물체에 작용하는 힘이 클수록 물체의 모양, 운동 방향, 빠르기의 변화가 크지요.

> 투수가 온 **힘**을 다해 던진 공이 포수의 미트 한복판에 꽂혔습니다.

포수 야구에서 본루를 지키며 투수가 던지는 공을 받는 선수.
미트 야구에서, 포수와 일루수가 끼는 장갑. 야구 글러브.

탄성

변형된 물체가 원래 모양으로 돌아가려는 성질을 말해요. 고무는 탄성이 강하므로, 고무줄을 잡아당겨 늘어나게 한 다음 손을 놓으면 원래 모양으로 돌아가지요. 고무공을 바닥에 떨어뜨리면 튀어 오르는 것도 고무공의 탄성 때문이에요.

> 가공 후에도 높은 **탄성**을 유지하는 섬유 출시!

변형되다 모양이나 형태가 달라지다.
가공 원료가 되는 재료나 중간 제품을 인공적으로 처리하여 새로운 제품을 만들거나 제품의 질을 높이는 것.

탄성체

탄성을 가진 물체를 말해요. 고무줄, 용수철 등은 탄성이 강한 탄성체이지요.

> 유연한 탄성체로 만들어져 파리채로 몇 번을 때려도 망가지지 않는 곤충 로봇이 개발되었습니다.

유연하다 부드럽고 무르다.

탄성력

변형된 물체가 원래 모양으로 돌아가려는 힘을 말해요. 탄성력의 방향은 변형된 탄성체가 원래 모양으로 돌아가려는 방향이지요. 탄성력의 크기는 탄성체의 변형 정도가 클수록 커요.

> 이 매트리스는 탄성력이 뛰어나 잘 꺼지지 않습니다.

매트리스 침대용의 두툼한 요. 스펀지나 용수철 등을 넣어 두툼하고 푹신하게 만든다.
꺼지다 물체의 바닥이나 땅이 내려앉아 우묵하게 들어가다.

어휘력 체크

초성을 보고 문장에 들어갈 알맞은 단어를 써 보세요.

운동하다 다치지 않으려면

운동 시작 전에는 몸을 ㉠ ㅇ ㅇ 하게 하는 스트레칭을 하고,
㉡ ㅎ 을 너무 많이 주지 않는 것이 좋습니다.

정답 ㉠ _____ ㉡ _____

등산복의 변신, 어디까지일까?

이 등산복은 ㉢ ㅌ ㅅ 이 매우 높아 잡아당기거나
늘여서 모양이 ㉣ ㅂ ㅎ 되어도 쉽게
제 모양으로 돌아옵니다.

정답 ㉢ _____
　　　㉣ _____

달에 가는 이유가 중력?

핵심 단어: 중력, 무게, 질량

중력

지구와 같은 천체가 물체를 끌어당기는 힘을 말해요. 천체의 중심 방향으로 작용하지요. 지표면에 있는 물체뿐만 아니라 공중에 떠 있는 물체에도 작용해요.

> 외줄타기, 중력을 거스르는 움직임!

거스르다 일이 돌아가는 흐름과 반대되거나 어긋나는 태도를 취하다.

무게

지구가 물체에 작용하는 중력의 크기를 말해요. 용수철저울이나 가정용 저울 등으로 측정하지요. 물체가 무거울수록 중력의 크기가 커져요. 또한 같은 물체라도 중력이 다른 곳에서는 무게가 달라져요.

> 부피와 무게를 반 이상 줄인 소형 연료 전지 개발!

연료 전지 연료의 연소 에너지를 열로 바꾸지 않고 직접 전기 에너지로 바꾸는 전지. 우주 로켓이나 등대 등의 특수한 곳에 쓴다.

질량

장소가 달라져도 변하지 않는 물체의 고유한 양을 말해요. 양팔저울이나 윗접시 저울로 측정하지요.

> 수소는 우주 질량의 75%를 차지할 정도로 풍부하며, 연소하면 대부분 물만을 남기는 청정에너지입니다.

고유하다 본래부터 특별히 갖추고 있다.
청정에너지 오염 물질이 잘 발생하지 않는, 맑고 깨끗한 에너지.

 무게와 질량의 차이점

무게 중력의 크기에 따라 바뀐다.
질량 중력의 크기가 달라져도 바뀌지 않는다.

＊N: 힘의 세기를 나타내는 단위, '뉴턴'이라고 부름.

어휘력 체크

뜻풀이에 해당하는 단어를 음절 구슬에서 찾아 묶고, 빈칸에 써 보세요.

고	거	스	르	다
유	접	질	울	연
하	고	량	력	료
다	저	중	지	전
청	정	에	너	지

① 지구와 같은 천체가 물체를 끌어당기는 힘

② 일이 돌아가는 흐름과 반대되는 태도를 취하다

③ 연료의 연소 에너지를 열로 바꾸지 않고 직접 전기 에너지로 바꾸는 전지

④ 장소가 달라져도 변하지 않는 물체의 고유한 양

⑤ 본래부터 특별히 갖추고 있다

⑥ 오염 물질이 잘 발생하지 않는, 맑고 깨끗한 에너지

볼록 거울 때문에!

핵심 단어: 빛의 반사   평면거울   볼록 거울   에너지

빛의 반사

일정한 방향으로 나아가던 빛이 다른 물체의 표면에 부딪쳐서 방향을 반대로 바꾸는 현상을 말해요. 이때 물체 표면으로 들어오는 빛과 반사되어 나가는 빛의 각도는 항상 같지요.

> **빛의 반사**로 만들어 내는 다양한 색감과 그림자는 반드시 눈으로 직접 보아야 차오르는 감동을 느낄 수 있다.

색감 색에서 받는 느낌.
차오르다 감정이나 느낌 등이 마음속에서 점점 커지다.

평면거울

거울 면이 평평한 거울을 말해요. 물체의 모습을 크기나 모양에 어떤 변형 없이 그대로 비추어 주기 때문에 화장대나 화장실 거울 등 일상생활에서 자신의 모습을 비추어 보는 데 가장 많이 쓰이지요.

> 이 그림에 있는 거울은 반사된 모습이 왜곡 없이 비춰지는 **평면거울**이다.

왜곡 사실과 다르게 해석하거나 그릇되게 함. '역사 왜곡', '왜곡하여 듣다' 등으로 쓰임.

볼록 거울

거울 면의 가운데가 볼록한 거울을 말해요. 나란하게 진행하는 빛이 볼록 거울에 반사되면 바깥쪽으로 넓게 퍼져요. 넓은 범위를 보여 주기 때문에 굽은 길에 설치하는 안전 거울, 편의점 보안 거울, 자동차 측면 거울 등에 쓰이지요.

> '보행자 안전을 위한 인도용 사각지대 볼록 거울 설치' 아이디어가 우수상을 받았습니다.

보행자 걸어서 길거리를 오가는 사람.
사각지대 어느 위치에 섬으로써 사물이 눈으로 보이지 않게 되는 각도. 또는 어느 위치에서 거울이 사물을 비출 수 없는 각도.

에너지

일을 할 수 있는 능력을 말해요. 높은 곳에 있는 물은 물레방아를 돌릴 수 있고, 바람은 돛단배를 밀 수 있지요. 이때 바람이나 높은 곳에 있는 물은 에너지를 갖고 있어요.

> 서울시, 낡고 오래된 경로당과 어린이집 에너지 효율 높인다!

효율 들인 노력과 얻은 결과의 비율. 물리에서 기계가 일한 양과 공급된 에너지와의 비율을 이르는 말. '고효율', '저효율', '효율적' 등으로 쓰임.

어휘력 체크

초성을 보고 문장에 들어갈 알맞은 단어를 써 보세요.

안전한 운전을 위한 여러 장치들

길모퉁이에는 더 넓은 범위를 보여 주어
㉠ ㅅ ㄱ ㅈ ㄷ 를 없애는
㉡ ㅂ ㄹ ㄱ ㅇ 이
설치되어 있습니다.

정답 ㉠ _____

㉡ _____

태양광 발전, 이제 집에서 한다

㉢ ㅇ ㄴ ㅈ ㉣ ㅎ ㅇ 을 더욱 높이는 기술을 적용한
태양광 발전 시설을 이제 집에서도 설치할 수 있게 되었습니다.

정답 ㉢ _____

㉣ _____

사물 인터넷 세상

핵심 단어: 사물 인터넷   열량   운동   평균 속력

사물 인터넷

모든 사물을 인터넷으로 연결하는 기술을 말해요. 사람과 사물 사이뿐 아니라 사물과 사물 사이에도 정보를 주고받을 수 있지요. 가전제품이 사물 인터넷으로 연결되면, 집에 도착하기 전에 스마트폰으로 거실 불을 켜고 전기밥솥과 난방 시설을 작동해 둘 수 있어요.

> 소규모 공장 대기 오염 물질 배출, **사물 인터넷**으로 실시간 관리!

소규모 범위나 크기가 작음.
실시간 실제 흐르는 시간과 같은 시간.

열량

온도가 높은 물체에서 낮은 물체로 이동하는 열의 양을 말해요. 열량의 단위로는 주로 kcal(킬로칼로리)와 cal(칼로리)를 쓰는데, 1kcal는 물 1kg의 온도를 1℃ 높이는 데 필요한 열량이지요.

> 아몬드를 비롯한 견과류는 알려진 것보다 섭취했을 때 **열량**이 낮다.

견과 단단한 껍데기와 깍정이에 싸여 한 개의 씨만이 들어 있는 나무 열매를 통틀어 이르는 말. 도토리, 밤, 은행, 호두 등이 있다. 지방 함량이 많아 기름을 얻기도 한다.

운동

시간에 따라 물체의 위치가 변하는 거예요. 물체의 위치는 기준점에서 물체가 있는 지점까지의 거리로 나타내지요. 물체의 운동을 나타내려면 물체의 위치가 얼마나 빠르게 변하는지 알아야 해요.

> 새 학기 맞은 아이, 성장 위한 스트레칭 운동 필요

지점 땅 위의 일정한 점.
스트레칭 팔다리를 쭉 펴는 것. 근육을 늘여 주는 운동으로, 적절한 스트레칭은 유연성을 향상시키며, 다치는 것을 예방하는 데 도움이 된다.

평균 속력

물체가 속력이 변하는 운동을 하는 경우, 물체가 이동한 전체 거리를 걸린 시간으로 나누어 구한 속력을 말해요.

> 공항 사고 가해 차량의 평균 속력은 약 130km/h였을 거라는 분석이 나왔습니다.

속력 단위 시간에 간 평균 거리. 1시간, 1분, 1초 동안에 가는 평균 거리를 각각 시속, 분속, 초속이라고 한다. 속력의 단위는 거리의 단위를 시간의 단위로 나눠 km/s(초), km/m(분), km/h(시) 등으로 표현한다.
가해 다른 사람의 생명이나 신체, 재산, 명예 등에 해를 끼침.

어휘력 체크

초성을 보고 문장에 들어갈 알맞은 단어를 써 보세요.

멀리 떨어져도 가전제품을 움직이는 미래

냉장고나 전기밥솥 등의 가전제품을 ㉠ ㅅㅁㅌㅌㄴ 으로 연결하여 외부에서도 ㉡ ㅅㅅㄱ 확인하고 작동해 둘 수 있는 세상이 펼쳐지고 있습니다.

정답 ㉠_____ ㉡_____

다이어트, 건강하게 하자

건강한 다이어트를 하려면 ㉢ ㅇㄹ 이 낮은 음식을 먹고, 규칙적인 ㉣ ㅇㄷ 을 하는 것이 중요합니다.

정답 ㉢_____
　　　㉣_____

147

저항 때문에 열이?

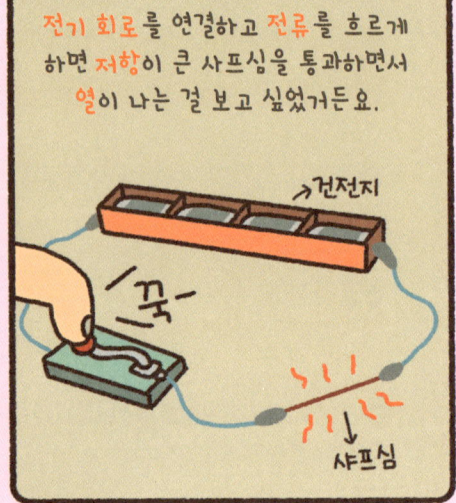

핵심단어: 전기 회로, 전류, 저항, 열

전기 회로

전지, 전구, 스위치 등을 전선으로 연결한 것을 말해요. 끊김 없이 연결된 전기 회로에서는 스위치를 닫으면 전류가 흐르지요.

> 국내 연구진, 초미세 간격의 전기 회로 제작 기술 개발!

전지 전압을 발생시켜 전류가 흐르게 하는 물체로, (+)극과 (−)극이 있다. 충전이 불가능한 일차 전지와 충전이 가능하고 반복해서 사용할 수 있는 이차 전지가 있다.

초미세 구별하기 어려울 만큼 매우 작고 세밀함.

전류

전하의 흐름을 말해요. 전기 회로의 전선 내부에서는 전자가 전지의 (−)극에서 (+)극 쪽으로 이동하면서 전하를 운반하는데, 이때 전류는 전자의 반대 방향인 (+)극에서 (−)극으로 흐른다고 하지요. 전류의 단위는 A(암페어)예요.

> 두꺼비집은 집 안으로 연결되는 전류를 차단하는 안전장치입니다.

차단하다 액체나 기체 등의 흐름 또는 통로를 막거나 끊어서 지나가지 못하게 하다.

안전장치 부주의로 인한 위험을 막기 위해 기계가 쉴 때에 작동하지 못하도록 해 두는 장치.

저항

전류의 흐름을 방해하는 정도를 말해요. 전기 회로에 같은 전압이 걸릴 때 저항이 클수록 전류의 세기는 감소하지요. 이를 '옴의 법칙'이라고 해요.

> 상압에서 전기 저항이 '0'인 소재를 발견했다는 소식입니다.

상압 특별히 압력을 줄이거나 높이지 않을 때의 일정한 압력. 보통 대기압과 같은 1기압 정도의 압력을 이른다.

소재 어떤 것을 만드는 데 바탕이 되는 재료.

열

온도가 다른 물체끼리 접촉했을 때 온도가 높은 물체에서 낮은 물체로 이동하는 에너지를 말해요.

> 병상 부족으로 열이 39℃를 넘어도 입원하지 못한 사례가 있습니다.

사례 어떤 일이 전에 실제로 일어난 예.

어휘력 체크

사다리를 타고, 해당 단어의 뜻풀이를 찾아 선을 그어 보세요.

① 전기 회로
② 전류
③ 열

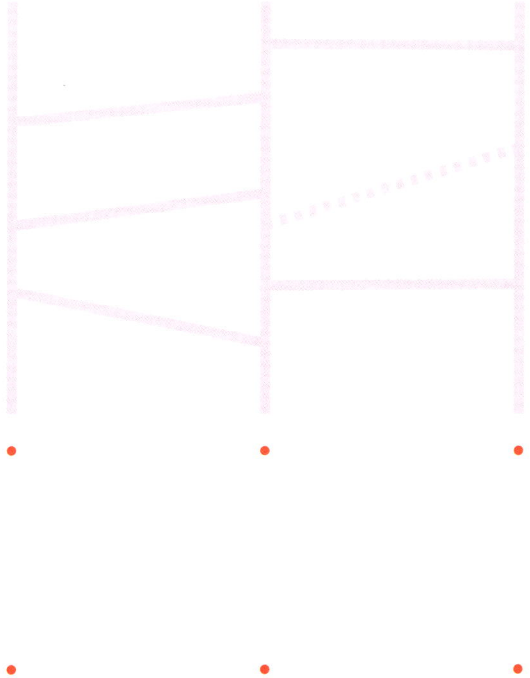

ㄱ. 전하의 흐름. 전자와 반대 방향으로 흐른다
ㄴ. 온도가 높은 물체에서 낮은 물체로 이동하는 에너지
ㄷ. 전지, 전구, 스위치 등을 전선으로 연결한 것

역학적 에너지 보존

핵심 단어: 공기 저항 운동 에너지 위치 에너지 역학적 에너지

공기 저항

공기가 물체의 운동을 방해하는 힘을 말해요. 물체가 공기 속을 운동하는 속력이 클수록 커지며, 물체의 운동 방향과 반대 방향으로 작용하지요. 속력이 큰 운동을 하면 공기 저항이 크게 느껴져요.

> 이 자동차는 기체 역학 연구를 통해 공기 저항을 낮추는 기능을 더했다.

기체 역학 기체의 운동이나 기체 속의 물체에 작용하는 힘 등을 연구하는 학문.

운동 에너지

운동하는 물체가 가지고 있는 에너지를 말해요. 물체의 질량에 비례하며, 속력의 제곱에 비례하지요.

> 그는 높이뛰기 도약 지점에서 발목을 지지대 삼아 운동 에너지를 도약에 그대로 활용하는 자세를 찾았다.

비례하다 함께 변화하는 두 개의 양 또는 수에 있어서, 한쪽이 2배, 3배…로 되면, 다른 쪽도 2배, 3배…로 증가하다.
지지대 나무나 물건 등이 휘거나 넘어지지 않도록 받쳐 주는 대.
도약 몸을 위로 솟구치는 일.

위치 에너지

중력이 작용하는 공간에서 기준면으로부터 높은 곳에 있는 물체가 가지는 에너지를 말해요. 물체의 질량이 클수록, 물체가 높이 올라갈수록 커지지요.

> 하늘다람쥐는 높은 나무에서의 **위치 에너지**를 활공에 이용합니다.

기준면 어떤 높이나 깊이를 잴 때 그 기준으로 삼는 면.
활공 새, 날다람쥐, 박쥐 등이 날개를 움직이지 않고 나는 일.

역학적 에너지

물체의 위치 에너지와 운동 에너지의 합을 말해요. 운동하는 물체의 위치 에너지와 운동 에너지는 서로 전환되며, 이때 역학적 에너지는 일정하게 유지되지요.

> 눈의 움직임에 의해 발생하는 **역학적 에너지**를 전기 에너지로 바꾸는 스마트 콘택트렌즈, 특허 출원!

특허 새로운 발명을 했을 때 그 권리를 발명한 사람 또는 이어받는 사람에게만 허락하는 것. 소유권의 하나로, 특허청의 심사 과정을 거침.
출원 지원하거나 청원하는 내용을 적은 서류를 냄.

어휘력 체크

가로세로 뜻풀이를 보고 빈칸에 알맞은 단어를 써 보세요.

① ②
③ ④
⑤ ⑥
⑦

〈가로〉 ① 새 등이 날개를 움직이지 않고 나는 일
③ 기체의 운동이나 기체 속의 물체에 작용하는 힘 등을
연구하는 학문
⑤ 높은 곳에 있는 물체가 가지는 에너지
⑦ 운동하는 물체가 가지고 있는 에너지

〈세로〉 ② 공기가 물체의 운동을 방해하는 힘
④ 물체의 위치 에너지와 운동 에너지의 합
⑥ 나무나 물건 등이 휘거나 넘어지지 않도록 받쳐 주는 대

소비 전력이 너무 높아!

핵심 단어: 전압, 전기 에너지, 소비 전력, 전력량

전압

전기 회로에 전류를 흐르게 하는 능력을 말해요. 전지의 전압은 전자를 지속적으로 이동하게 하여 전류를 흐르게 하지요. 전압이 커지면 전류도 세게 흘러요. 단위는 V(볼트)를 써요.

통상 낙뢰가 칠 때 전압은 약 1억 볼트로, 집에서 쓰는 전기의 50만 배에 이릅니다.

통상 일상적인 경우에는.
낙뢰 벼락이 떨어짐. 또는 그 벼락.

W 1V의 전압으로 1A의 전류가 흐를 때의 전력의 크기. '와트'라고 읽는다.
kWh 전력량을 나타내는 단위. '킬로와트시'라고 읽는다.

전기 에너지

선풍기, 전기다리미, 전기스탠드, 전기밥솥, 스피커 등의 전기 기구를 사용할 때 전기 기구에는 전류가 흐르는데, 전류가 흐를 때 공급되는 에너지를 전기 에너지라고 해요. 전기 에너지는 빛, 열, 운동 등 다양한 에너지로 전환되지요.

건설 기업, 폐자원 활용하여 전기 에너지 만드는 친환경 신사업에 참여!

폐자원 쓰고 난 자원.
신사업 새로운 사업. '신사업 추진', '신사업 계획' 등으로 쓰임.

소비 전력

단위 시간 동안 전기 기구가 소모하는 전기 에너지의 양을 말해요. 전기 기구의 소비 전력이 크다는 것은 더 많은 전기 에너지가 다른 형태의 에너지로 전환된다는 뜻이지요.

> 세척력은 강하게, 소비 전력은 최소화한 식기 세척기 탄생!

소모하다 시간, 에너지 등을 써서 없애다.

전력량

전기 기구가 일정 시간 동안 소모하는 전기 에너지의 양을 말해요. 소비 전력과 시간의 곱으로 나타낼 수 있지요. 전력량을 기준으로 전기 요금이 부과돼요.

> 이 태양광 발전소에서는 한 달에 태양광으로 생산되는 전력량이 3MWh(메가와트시) 정도 된다.

부과되다 세금이나 부담금 등이 매겨져 부담하게 되다.

어휘력 체크

초성을 보고 문장에 들어갈 알맞은 단어를 써 보세요.

동전형 건전지 삼킴 주의보

동전형 리튬 건전지는 ㉠ ㄴ ㅅ 쓰이는 건전지보다 ㉡ ㅈ ㅁ 이 2배로 높아 장기에 손상을 입히기 쉽습니다.

정답 ㉠ _____

㉡ _____

여름, 전기 사용량 급증에 전기 요금 폭탄!

무더운 여름은 에어컨 등에 의해 ㉢ ㅈ ㄹ ㄹ 이 가장 많아 전기 요금이 가장 많이 ㉣ ㅂ ㄱ 됩니다.

정답 ㉢ _____

㉣ _____

안경 렌즈는 어지러워!

핵심단어: 빛의 굴절, 상, 볼록 렌즈, 오목 렌즈

빛의 굴절

성질이 다른 두 물질의 경계면에서 빛의 진행 방향이 꺾이는 현상을 말해요. 물질에 따라 빛이 나아가는 속도가 다르기 때문에 발생하지요.

> 이 강판은 보는 방향이나 **빛의 굴절**에 따라 색이 변하는 색상 적용도 가능하다.

강판 강철로 만든 철판.
적용 알맞게 이용하거나 맞추어 씀.

상

빛이 거울이나 렌즈에 의하여 반사하거나 굴절한 뒤에 다시 모여서 생긴 원래 물체의 모습을 말해요. 쉽게 말해 인형을 거울에 비추었을 때 거울에 보이는 인형의 모습을 '상'이라고 하는 거지요. 거울이나 렌즈의 종류에 따라 크기와 모양이 원래 물체와 다를 수 있어요.

> 곤충의 눈은 겹눈 하나하나에 물체의 **상**이 맺힌다.

렌즈 빛을 모으거나 흩어지게 하기 위하여 수정이나 유리를 갈아서 만든 투명한 물체. 거울이 빛의 반사를 이용한 것이라면, 렌즈는 빛의 굴절을 이용하여 빛의 진행 방향을 바꾸는 도구.
겹눈 간단한 구조의 눈이 벌집 모양으로 여러 개 모여 된 눈.

볼록 렌즈

가운데 부분이 가장자리보다 두꺼운 렌즈를 말해요. 볼록 렌즈에 나란한 빛을 비추면 렌즈 뒤쪽으로 빛이 모이지요. 돋보기안경, 망원경, 쌍안경, 현미경 등에 이용돼요.

> 한라산 상공에 **볼록 렌즈**를 연상시키는 '렌즈구름'이 나타났습니다.

연상 하나의 생각이 다른 생각을 불러일으키는 현상.
렌즈구름 렌즈 또는 비행선 모양의 구름. 구름의 가장자리가 뚜렷하고 때로는 무지개처럼 여러 빛깔로 물든 구름이 나타난다.

오목 렌즈

가운데 부분이 가장자리보다 얇은 렌즈를 말해요. 오목 렌즈에 나란한 빛을 비추면 렌즈 뒤쪽으로 빛이 퍼지지요. 근시 교정 렌즈 등에 이용돼요.

> 갈릴레이가 만든 망원경은 대물렌즈를 볼록 렌즈, 대안렌즈를 **오목 렌즈**로 만든 방식이다.

대물렌즈 현미경, 망원경 등에서 물체에 가까운 쪽의 렌즈.
대안렌즈 현미경, 망원경 등에서 눈으로 보는 쪽의 렌즈.

사다리를 타고, 해당 단어의 뜻풀이를 찾아 선을 그어 보세요.

① 빛의 굴절
② 볼록 렌즈
③ 오목 렌즈

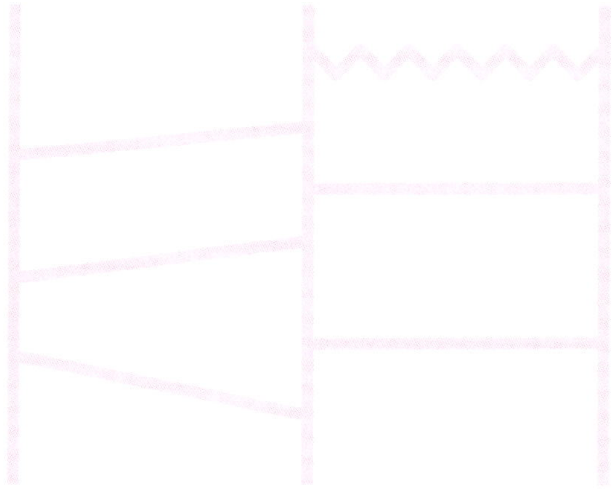

㉠ 가운데 부분이 가장자리보다 두꺼운 렌즈

㉡ 성질이 다른 두 물질의 경계면에서 빛의 진행 방향이 꺾이는 현상

㉢ 가운데 부분이 가장자리보다 얇은 렌즈

척력이 작용하는 사이

핵심 단어: 전기력, 인력, 척력, 마찰 전기

전기력

전기를 띤 두 물체 사이에 작용하는 힘을 말해요. 물체가 띤 전기의 세기에 비례하지요.

> 전동 킥보드는 우리가 흔히 아는 킥보드에 전동 장치를 달아 전기력으로 달리는 탈것이다.

전동 장치 전기 등의 에너지를 기계를 움직이는 에너지로 바꾸어 기계의 각 부분에 전달하는 장치.
탈것 자전거, 자동차, 오토바이 등의 사람이 타고 다니는 물건을 모두 이르는 말.

인력

공간적으로 떨어져 있는 물체끼리 서로 끌어당기는 힘을 말해요. 질량을 가진 물체 사이에 작용하기도 하고, 다른 종류의 전기나 자기를 띤 두 물체 사이에 작용하기도 하지요.

> 우주에는 서로 공전하는 두 천체 사이의 인력이 '0'이 되어 양쪽 천체의 중력이 균형을 이루는 곳이 있습니다.

자기 자석이 갖는 특유의 물리적인 성질.
균형 어느 한쪽으로 기울거나 치우치지 않고 고른 상태. 비슷한 뜻을 가진 말로 '평형'이 있다.

척력

같은 종류의 전기나 자기를 띤 물체 사이에 서로 밀어 내는 힘을 말해요. 전기력의 경우 (+)전기와 (+)전기 또는 (−)전기와 (−)전기 사이에 작용하지요.

> 자석의 **척력**을 이용한 공중 부양 제품들 속속 등장!

공중 하늘과 땅 사이의 빈 곳.
부양 가라앉은 것을 떠오르게 함.
속속 자꾸 잇따라서.

마찰 전기

종류가 다른 두 물체를 마찰했을 때 생기는 전기를 말해요. 한 물체에서 다른 물체로 전자가 이동하고, 전자를 잃은 물체는 (+)전하, 전자를 얻은 물체는 (−)전하를 띠지요.

> 일상 속에서 버려지는 **마찰 전기**를 에너지원으로 활용하는 방안을 연구하는 움직임이 일고 있습니다.

활용하다 충분히 잘 이용하다.
일다 어떤 현상이 생기다.

어휘력 체크

뜻풀이에 해당하는 단어를 음절 구슬에서 찾아 묶고, 빈칸에 써 보세요.

마	찰	전	기	전
인	활	원	균	기
킥	력	용	상	력
부	드	세	하	이
양	너	척	력	다

① 전기를 띤 두 물체 사이에 작용하는 힘

② 떨어져 있는 물체끼리 서로 끌어당기는 힘

③ 같은 전기나 자기를 띤 물체 사이에 서로 밀어 내는 힘

④ 종류가 다른 두 물체를 마찰했을 때 생기는 전기

⑤ 충분히 잘 이용하다

⑥ 가라앉은 것을 떠오르게 함

보온병의 진공 원리

진공

물질이 없이 비어 있는 상태를 말해요. 실제로는 이렇게 만들기 어렵기 때문에, 극히 압력이 낮은 상태를 가리키지요.

> 이 회사는 성능이 개선된 무선 진공청소기를 선보였습니다.

극히 더할 수 없을 정도로.
성능 기계, 제품 등이 지닌 성질이나 기능.

전도

물질을 이루고 있는 입자의 운동이 이웃한 입자에 차례로 전달되어 열이 이동하는 현상을 말해요. 주로 고체에서 일어나는 열의 이동 방법이지요.

> 열의 전도는 높게, 조리 시간은 단축한 특수 코팅 냄비 개발!

단축하다 시간이나 거리 등을 짧게 줄이다.
코팅 물체의 겉면을 얇은 막으로 입히는 일.

대류

물질을 이루고 있는 입자들이 직접 이동하면서 열이 전달되는 현상을 말해요. 액체와 기체에서 일어나지요.

> 네팔에서 일어난 폭풍의 원인은 공기의 대류 불안정으로 밝혀졌습니다.

폭풍 매우 세찬 바람.
불안정 일정한 상태로 계속 있지 못한 상태임.

복사

열을 전달하는 방법 중 하나로 열이 물질을 이루는 입자의 이동 없이 직접 이동하는 현상을 말해요. 태양이나 난로 등에서 나오는 열이 복사를 통해 전달되지요.

> 이 회사는 새로운 복사 방식의 난방 제품으로 시장 공략에 나섰다.

공략 적극적인 자세로 나서서 어떤 영역을 차지하거나 어떤 사람 등을 자기편으로 만드는 것을 비유적으로 이르는 말.

신제품 난로

어휘력 체크

사다리를 타고, 해당 단어의 뜻풀이를 찾아 선을 그어 보세요.

① 전도   ② 대류   ③ 복사

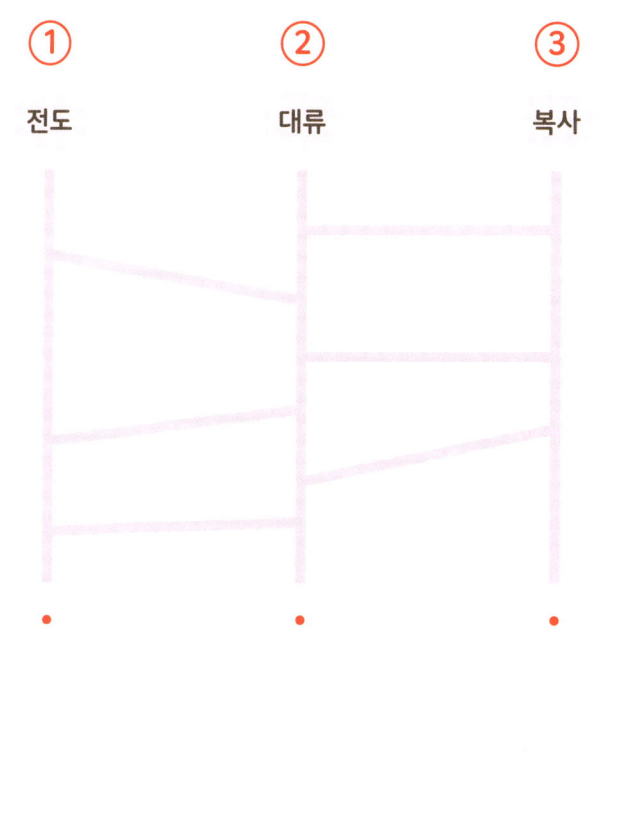

ㄱ. 물질을 이루고 있는 입자들이 직접 이동하면서 열을 전달하는 현상

ㄴ. 열이 물질을 이루는 입자의 이동 없이 직접 이동하는 현상

ㄷ. 물질을 이루는 입자의 운동이 이웃한 입자에 차례로 전달되어 열이 이동하는 현상

이것도 광원인가요?

핵심 단어: 광원 · 빛의 직진 · 빛의 삼원색 · 빛의 합성

광원

스스로 빛을 내는 물체를 말해요. 광원에서 나온 빛이 우리 눈에 들어오면 광원을 볼 수 있지요.

차세대 친환경 광원은 다양한 실내 환경에서 사용될 것입니다.

차세대 지금 세대가 지난 다음 세대.

빛의 직진

광원에서 나온 빛이 물질 속에서 곧게 나아가는 것을 말해요. 공연장의 레이저 쇼, 구름 사이로 비친 햇살, 어둠 속에서 불을 켠 손전등의 빛 등은 빛이 직진하는 것을 잘 보여 주지요.

그림자는 **빛의 직진**이 이어지는 경로 위에 불투명한 물체가 있을 때 빛이 통과하지 못하여 생기는 어두운 부분이다.

경로 지나는 길.

불투명 물질이 빛을 통과시키지 못함. 도자기 컵처럼 불투명한 물체는 빛이 통과하지 못하기 때문에 도자기 컵의 모양과 같은 진하고 선명한 그림자가 생긴다. 반대로 유리컵처럼 투명한 물체는 빛이 대부분 통과하기 때문에 연하고 흐릿한 그림자가 생긴다.

빛의 삼원색

여러 가지 색을 표현하는 기본이 되는 빛으로, 빨간색, 초록색, 파란색이지요.

> **빛의 삼원색**이 어우러진 빛의 하모니!

어우러지다 여럿이 조화를 이루거나 섞이다.

빛의 합성

색이 다른 둘 이상의 빛을 합하여 다른 색 빛을 얻는 것을 말해요. 빛의 삼원색을 합성하면 다양한 색의 빛을 만들 수 있지요. 빛의 삼원색을 모두 혼합하면 흰색 빛이 돼요.

> 여러 색의 형광등이 작동되며 회전하여 다채로운 **빛의 합성**을 보여 준다.

다채롭다 여러 가지 색채나 형태, 종류 등이 한데 어울려 화려하다. 컬러풀하다.

빛의 삼원색과 색의 삼원색

색은 여러 색을 섞을수록 검은색에 가까워지는 반면에 빛의 경우에는 섞을수록 흰색에 가까워진다. 즉, 색은 더할수록 어두워지고 빛은 더할수록 밝아진다.

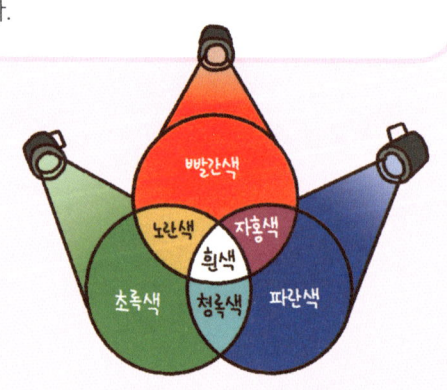

어휘력 체크

뜻풀이에 해당하는 단어를 음절 구슬에서 찾아 묶고, 빈칸에 써 보세요.

어	차	로	당	빛
우	초	세	의	의
러	우	직	대	삼
지	진	려	광	원
다	채	롭	다	색

① 스스로 빛을 내는 물체

② 광원에서 나온 빛이 물질 속에서 곧게 나아가는 것

③ 여러 가지 색을 표현하는 기본이 되는 빛

④ 지금 세대가 지난 다음 세대

⑤ 여럿이 조화를 이루거나 섞이다

⑥ 여러 색채나 형태, 종류 등이 한데 어울려 화려하다

순물질
혼합물
용매
크로마토그래피
기체
용액
용해도
용해
전하
입자
이온
원소
연소
불꽃 반응
화학 반응
고체
액체
상태 변화
응고
증발
확산
입자의 운동
열에너지
화학 변화

화합물
반응물
생성물
원자
분자
물질의 특성
물리 변화
기화
끓는점
어는점
융해
승화
부피
동결 건조

화학

혼합물로 찾은 증거

순물질

다른 물질이 섞이지 않고 한 가지 물질로만 이루어진 물질을 뜻하지요. 소금, 물, 금 등이 모두 순물질이에요.

> 황산은 **순물질**을 제외하면 보통 액체 형태를 띠고 있습니다.

황산 강한 산성 액체로, 대부분의 금속을 녹인다.
제외하다 따로 떼어 내어 헤아리지 않다.

혼합물

두 가지 이상의 순물질이 섞여 있는 물질을 말해요. 순물질이 본래의 성질을 잃지 않고 섞여 있으며, 혼합 비율에 따라 성질이 다르게 나타나지요. 혼합물에는 소금물, 우유, 공기 등이 있어요. 거름이나 증류 등의 방법으로 분리할 수 있지요.

> 바다에 기름 **혼합물** 폐수 유출한 어선 적발!

증류 액체를 끓여 생긴 기체를 식혀서 차게 하여 다시 액체로 만드는 일. 여러 물질이 섞인 혼합물로부터 끓는점의 차이를 이용하여 각 물질을 분리할 수 있다.
유출하다 밖으로 흘려 내보내다.
적발 숨겨져 있는 일이나 드러나지 않은 것을 파헤쳐 끄집어냄.

용매

물처럼 다른 물질을 녹이는 물질을 말해요. 설탕물은 설탕을 용매인 물에 녹인 혼합물이지요.

태양 전지 제조에 쓰이는 친환경 용매 개발!

태양 전지 태양의 빛 에너지를 전기로 바꾸는 장치. 등대, 인공위성 등의 전원으로 쓴다.

크로마토그래피

혼합물을 이루는 성분 물질이 용매를 따라 이동하는 속도가 다른 것을 이용하여 혼합물을 분리하는 방법을 말해요. 매우 적은 양의 물질이 섞인 혼합물도 간단히 분리할 수 있지요. 색소 분리, 도핑 테스트 같은 약물 검사, 유전자 검사, 의약품 성분의 분리 등 각종 분석에서 매우 유용하게 이용되고 있어요.

올림픽 등에서 실시하는 도핑 테스트에는 크로마토그래피와 같은 첨단 기술이 사용됩니다.

도핑 테스트 운동선수가 성적을 올리기 위하여 약물을 사용했는지의 여부를 검사하는 일.
첨단 시대, 학문, 유행 등의 맨 앞자리.

어휘력 체크

초성을 보고 문장에 들어갈 알맞은 단어를 써 보세요.

폐수 무단 유출 들통나

식수로 쓰는 강에 중금속 ㉠ ㅇ ㅎ ㅁ 폐수를 몰래 버린 공장이 경찰에 ㉡ ㅈ ㅂ 되었습니다.

정답 ㉠ _____

㉡ _____

스포츠의 부정행위 단속

이번 올림픽에서도 ㉢ ㅋ ㄹ ㅁ ㅌ ㄱ ㄹ ㅍ 와 같은 첨단 기술을 이용한 ㉣ ㄷ ㅍ ㅌ ㅅ ㅌ 가 실시되었습니다.

정답 ㉢ _____

㉣ _____

기체 맛 좀 봐라

기체

모양과 부피가 일정하지 않고, 퍼져 나가 공간을 가득 채우는 상태를 말해요. 입자가 매우 불규칙하게 배열되어 있지요. 입자 사이의 거리가 매우 멀어 입자의 운동이 매우 자유롭고 활발해요.

> 무색, 무취의 기체인 수소는 강한 폭발력을 가지고 있습니다.

무색 아무 빛깔이 없음.
무취 냄새가 없음.
폭발력 화약 등의 폭발물이 갑작스럽게 터질 때 생기는 힘이나 효과.

용액

두 가지 이상의 물질이 고르게 섞여 있는 혼합물을 말해요. 보통은 설탕물이나 소금물처럼 액체 상태로 섞여 있는 혼합물을 말하지요.

> 보건소에서 불소 양치 용액 무료로 받아 가세요!

불소 자극적인 냄새가 나는 연한 누런빛을 띤 녹색 기체로, 충치 예방에 많이 쓰인다.

용해도

일정한 온도에서 용매 100g에 최대로 녹을 수 있는 용질의 g 수를 말해요. 온도와 용매가 같을 때 일정한 값을 나타내며, 물질의 종류에 따라 다르지요. 예를 들어 설탕의 용해도는 20°C에서 204이므로 물 100g에 설탕 204g이 최대로 녹을 수 있어요. 용해도 이상의 설탕을 집어넣으면 설탕은 더 이상 녹지 않고 가라앉지요.

> 이 세제는 용해도가 높아 세제 잔여물이 거의 남지 않습니다.

용질 용액에 녹아 있는 물질.
잔여물 완전히 제거되지 않고 남아 있는 물질이나 물건.

 용해가 이루어지는 과정

용해가 진행됨에 따라 물 분자와 설탕 분자가 고르게 섞인다.

어휘력 체크

뜻풀이에 해당하는 단어를 음절 구슬에서 찾아 묶고, 빈칸에 써 보세요.

세	불	무	색	고
용	아	금	용	천
해	설	물	액	폭
도	여	기	체	발
잔	지	문	료	력

① 모양과 부피가 일정하지 않고, 퍼져 나가 공간을 가득 채우는 물질의 상태

② 두 가지 이상의 물질이 고르게 섞여 있는 혼합물

③ 어떤 온도에서 용매 100g에 녹을 수 있는 용질의 g 수

④ 완전히 제거되지 않고 남아 있는 물질이나 물건

⑤ 아무 빛깔이 없음

⑥ 폭발물이 갑작스럽게 터질 때 생기는 힘이나 효과

이온 음료 안 마실래

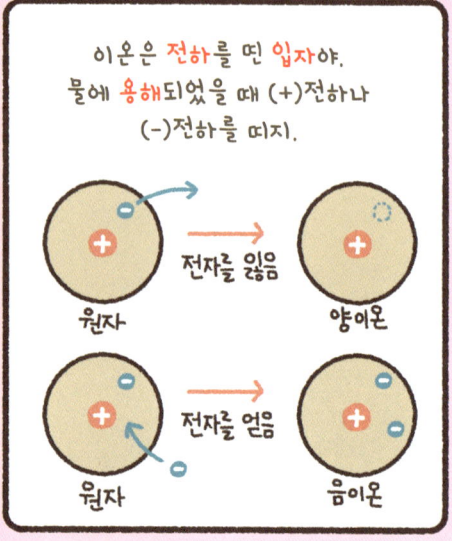

핵심 단어: 용해, 전하, 입자, 이온

용해

한 물질이 다른 물질에 녹아 고르게 섞이는 현상을 말해요. 예를 들어 설탕이 물에 녹아 용해되면 용액인 설탕물이 되지요. 물에 용해되기 전 설탕의 무게와 물의 무게를 합친 무게는 설탕이 물에 용해된 후 설탕물의 무게와 같아요.

> 이 약을 만드는 과정은 순탄치 않았는데, 기름 성분에 친수성 성분을 **용해**시키기 어려웠기 때문입니다.

순탄하다 삶이나 일, 과정 등이 아무 탈 없이 순조롭다.
친수성 물과 잘 결합하려는 성질. '친유성'은 기름과 서로 잘 결합하려는 성질.

전하

전기 현상을 일으키는 원인이 되는 것을 말해요. (+)전하와 (−)전하가 있지요. 같은 부호의 전하끼리는 미는 힘이, 다른 부호의 전하끼리는 당기는 힘이 작용해요.

> **전하** 이동 속도가 크게 향상된 꿈의 물질 개발 임박!

임박 어떤 때가 가까이 닥쳐옴. '막차 시간 임박', '유통 기한 임박', '개막식 임박' 등으로 쓰임.

입자

물질을 이루는 눈에 보이지 않을 정도로 미세한 크기의 물체를 말해요. 원자, 분자, 전자 등이 있지요.

> 손에 있는 **입자**를 효과적으로 씻어 내려면 적어도 20초 이상이 걸린다고 합니다.

효과적 어떤 목적을 지닌 행동에 의해 좋은 결과가 드러나는 것.

이온

전하를 띠는 입자를 말해요. 원자는 전기적으로 전기를 띠지 않는 중성인데, 원자가 전자를 얻으면 (−)전하를 띠는 이온이 되고, 원자가 전자를 잃으면 (+)전하를 띠는 이온이 되지요. (+)전하를 띠는 입자를 양이온, (−)전하를 띠는 입자를 음이온이라고 해요. 이온 음료는 (+)전하나 (−)전하를 띠는 이온들이 들어 있어요. 전기가 통하려면 이 전하들이 한 방향으로 흘러야 하는데, 이온 음료에 든 전하들은 흘러가지 않으므로 전기를 통하지 않지요.

> 기온이 떨어지자 **이온** 음료 판매량이 급감했습니다.

급감하다 급작스럽게 줄다.

어휘력 체크

초성을 보고 문장에 들어갈 알맞은 단어를 써 보세요.

빨래가 더 쉬워지는 세제 출시

이 세제는 빨래에 있는 오염된 기름 ㉠ ㅇ ㅈ 들을 물에 잘 ㉡ ㅇ ㅎ 시킵니다.

정답 ㉠ _____

㉡ _____

몸짱이 되자! 운동 열풍

운동 열풍이 불면서 운동 시 모자라는 수분과 영양분을 ㉢ ㅎ ㄱ ㅈ 으로 보충할 수 있는 ㉣ ㅇ ㅇ 음료 또한 많이 팔리고 있습니다.

정답 ㉢ _____

㉣ _____

하늘에 핀 불꽃 반응

핵심 단어: 원소, 연소, 불꽃 반응, 화학 반응

원소

더 이상 다른 물질로 나뉘지 않으면서 물질을 이루는 기본 성분을 말해요. 지금까지 알려진 원소의 종류는 118가지로, 90여 가지는 자연에서 발견되었고, 30여 가지는 인공적으로 만들어졌지요.

2016년 11월, 새 원소 4종이 등록되었습니다.

인공적 사람의 힘으로 만든 것.
등록되다 일정한 자격 조건을 갖출 목적으로 단체나 학교 등에 문서가 올려지다.

연소

물질이 산소와 반응하여 빛과 열을 내며 빠르게 타는 현상을 말해요. 연소가 일어나려면 탈 물질과 산소가 있어야 하고, 온도가 발화점 이상이 되어야 하지요. 연소 결과 이산화 탄소와 물 등이 만들어져요.

구립 도서관, 우세한 설비와 불연성 건축 자재로 연소 확대 방지!

발화점 불이 붙는 온도.
우세하다 상대편보다 힘이나 세력이 강하다.
불연성 불에 타지 않는 성질.

불꽃 반응

금속 원소가 들어 있는 물질에 불을 붙였을 때 금속 원소에 따라 독특한 색의 불꽃이 나타나는 것을 말해요. 이때 나타나는 불꽃색으로 물질 속에 포함된 원소를 구별할 수 있지요.

> 밤하늘을 수놓는 화려한 불꽃은 **불꽃 반응** 원리로 만들어집니다.

독특하다 특별하게 다르다.
수놓다 색실로 수를 놓은 것처럼 아름다운 경치를 이룸을 비유적으로 이르는 말.

화학 반응

어떤 물질이 화학 변화를 하여 전혀 다른 새로운 물질로 변하는 것을 말해요.

> 전통 원료와 공정을 통해 만들어진 한지는 **화학 반응**이 쉽게 일어나지 않으며, 내구성과 보존성이 우수합니다.

내구성 물질이 원래의 상태에서 성질이 달라지거나 변형됨이 없이 오래 견디는 성질.

어휘력 체크

가로세로 뜻풀이를 보고 빈칸에 알맞은 단어를 써 보세요.

<가로> ① 물질에 불을 붙였을 때 금속 원소에 따라 독특한 색의 불꽃이 나타나는 것 ●●●●
③ 물질이 산소와 반응하여 빛과 열을 내며 빠르게 타는 현상 ●●
④ 물질이 원래의 상태에서 달라지거나 변형됨이 없이 오래 견디는 성질 ●●●
⑥ 특별하게 다르다 ●●●●

<세로> ② 불에 타지 않는 성질 ●●●
⑤ 어떤 물질이 화학 변화를 하여 전혀 다른 새로운 물질로 변하는 것 ●●●●
⑦ 상대편보다 힘이나 세력이 강하다 ●●●●

응고가 너무 됐어

핵심단어: 고체, 액체, 상태 변화, 응고

고체

지구상의 물질은 대부분 고체, 액체, 기체 세 가지의 상태로 존재해요. 고체는 모양이 일정하고 단단하며, 힘을 가해도 부피가 변하지 않는 상태를 말해요. 입자가 규칙적으로 배열되어 있지요. 입자 사이의 거리가 매우 가까워 입자의 운동이 활발하지 않아요.

> 재활용이 어려운 튜브형 치약 대신 씹으며 닦는 고체 치약으로 대체하는 움직임이 일고 있습니다.

규칙적 일정한 질서가 있거나 규칙을 따르는 것.
대체하다 다른 것으로 대신하다.

액체

담는 그릇에 따라 모양이 달라지고, 부피가 일정하며 흐르는 성질이 있는 상태를 말해요. 고체 상태보다 입자가 불규칙하게 배열되어 있지요. 입자 사이의 거리가 고체보다 멀어 입자의 운동이 비교적 자유로워요.

> 제주 앞바다에 뜬 분홍색 액체의 정체는?

정체 사물이 전해 내려온 그 처음의 생김새.

상태 변화

물질의 상태가 변하는 것을 말해요. 물질은 온도가 높아지거나 낮아지면 다른 상태로 변할 수 있지요.

> 연구진은 고체에서 액체로의 **상태 변화**를 육안으로 관찰하는 데 성공했다.

육안 망원경이나 현미경 등을 이용하지 않고 직접 보는 눈.

응고

물질의 상태가 액체에서 고체로 변하는 현상을 말해요. 물을 얼리면 얼음이 되는 것, 액체 상태의 초콜릿을 냉각하면 굳어서 고체 상태로 변하는 것 등이 응고의 예지요.

> 유통 기한이 지난 요구르트는 변질되어 **응고**된 채로 들어 있었다.

유통 기한 식품 등을 유통할 수 있는 기한.
변질되다 성질이 달라지거나 물질의 질이 변하게 되다.

어휘력 체크

가로세로 뜻풀이를 보고 빈칸에 알맞은 단어를 써 보세요.

<가로>　① 물질의 상태가 변하는 것 ●●●
　　　③ 다른 것으로 대신하다 ●●●
　　　⑤ 담는 그릇에 따라 달라지고, 부피가 일정하며 흐르는 성질이 있는
　　　　 상태 ●●

<세로>　② 성질이 달라지거나 물질의 질이 변하게 되다 ●●●●
　　　④ 모양이 일정하고 단단하며, 힘을 가해도 부피가 변하지 않는 상태
　　　　 ●●
　　　⑥ 처음의 생김새. 원래의 형체 ●●

증발한 물은 어디로?

핵심 단어: 증발 확산 입자의 운동 열에너지

증발

입자가 액체 표면에서 스스로 운동하여 기체로 변하는 현상을 말해요. 그릇에 담겨 있던 물이 시간이 지나면서 점차 줄어드는 것은 물이 증발하기 때문이지요.

> 바닷물 **증발** 장치로 바닷물을 담수화하는 기술을 개발했습니다.

담수화 바닷물이 소금기가 줄어 민물이 되다. 또는 그렇게 만드는 것.

확산

물질을 이루고 있는 입자가 스스로 운동하여 멀리 퍼져 나가는 현상을 말해요. 확산은 액체나 공기가 없는 진공에서도 일어나는 현상이지요.

> 휴가철 코로나 감염 **확산**이 지속될 전망입니다.

감염 병을 일으키는 미생물이 동물이나 식물의 몸 안에 들어가 퍼지는 일.
전망 내다보이는 앞으로의 상황.

멀리까지 다 퍼트릴 거야.

입자의 운동

물질을 이루고 있는 입자가 가만히 정지해 있지 않고 스스로 끊임없이 운동하는 것을 말해요. 확산과 증발은 입자의 운동 때문에 일어나는 현상이지요. 날이 더울수록 물이 빨리 증발하는 이유는 물 입자의 운동이 더 활발해지기 때문이에요. 이처럼 입자의 운동은 온도가 높을수록 활발해지므로 온도가 높아지면 확산이나 증발이 빠르게 일어나요.

> 한 가지 음으로 서로 다른 **입자의 운동**을 제어할 수 있다고?

제어하다 기계나 설비 또는 화학 반응 등이 목적에 알맞은 작용을 하도록 조절하다.

열에너지

물체의 온도를 높이거나 물질의 상태를 변화시키는 원인이 되는 에너지의 한 형태예요. 온도가 다른 두 물체 사이를 이동하는 에너지지요.

> **열에너지**를 절감할 수 있는 공정을 개발했습니다.

절감하다 아끼어 줄이다.
공정 한 제품이 완성되기까지 거쳐야 하는 하나하나의 작업 단계.

어휘력 체크

초성을 보고 문장에 들어갈 알맞은 단어를 써 보세요.

겨울철 독감 주의보!

겨울이 되어 기온이 크게 떨어지면서 독감이 ㉠ ㅎ ㅅ 될 ㉡ ㅈ ㅁ 입니다.

정답 ㉠ _____

㉡ _____

난방비를 아껴 주는 집이 인기

이 집은 단열재를 충분히 넣어 밖으로 나가는 ㉢ ㅇ ㅇ ㄴ ㅈ 를 줄임으로써 난방비를 ㉣ ㅈ ㄱ 합니다.

정답 ㉢ _____

㉣ _____

맛있는 화학 변화

핵심 단어: 화학 변화 화합물 반응물 생성물

화학 변화

처음 물질과는 성질이 전혀 다른 새로운 물질로 변하는 것을 말해요. 열과 빛이 발생하기도 하고, 색깔과 냄새가 변하기도 하며, 기체가 발생하기도 하지요.

후각이 좋은 반려동물들은 우리 몸속의 화학 변화를 탐지해 병이 악화되기 전에 알려 주기도 합니다.

탐지하다 드러나지 않은 사실이나 물건 등을 더듬어 찾아 알아내다.

화합물

두 종류 이상의 원소가 결합하여 만들어진 순물질이에요. 화합물이 생성될 때 각각의 구성 원소들은 단순히 섞이는 것이 아니라 일정한 비율로 결합하지요.

천적인 무당벌레 냄새 화합물로 식물을 갉아 먹는 진딧물 퇴치!

천적 어떤 동물을 잡아먹는 동물. 잡아먹히는 동물에게 잡아먹는 동물은 천적이 된다.
퇴치 물리쳐서 아주 없애 버림.

반응물

화학 반응이 일어나기 전의 물질을 말해요. 반응에 참여하는 물질을 반응물이라고 하지요.

> 원하는 반응물만 선택적으로 바꾸는 기술이 개발되었습니다.

선택적 많은 것 가운데서 골라 뽑는 것.

생성물

화학 반응이 일어난 결과 만들어진 물질을 말해요.

> 석회 동굴에는 동굴 생성물인 종유석, 석순, 석주 등이 줄지어 펼쳐져 이를 보러 온 관광객을 맞아 줍니다.

줄짓다 줄을 이루다.
맞다 오는 사람이나 물건을 예의로 받아들이다.

 물 생성 반응 모형

반응물인 수소와 산소가 화학 반응을 일으켜 생성물인 물이 된다.

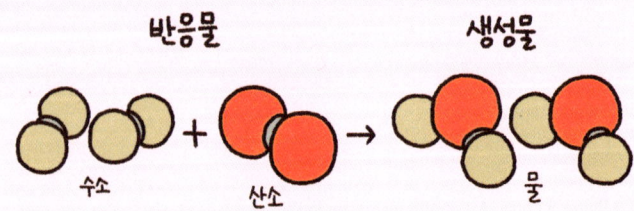

어휘력 체크

사다리를 타고, 해당 단어의 뜻풀이를 찾아 선을 그어 보세요.

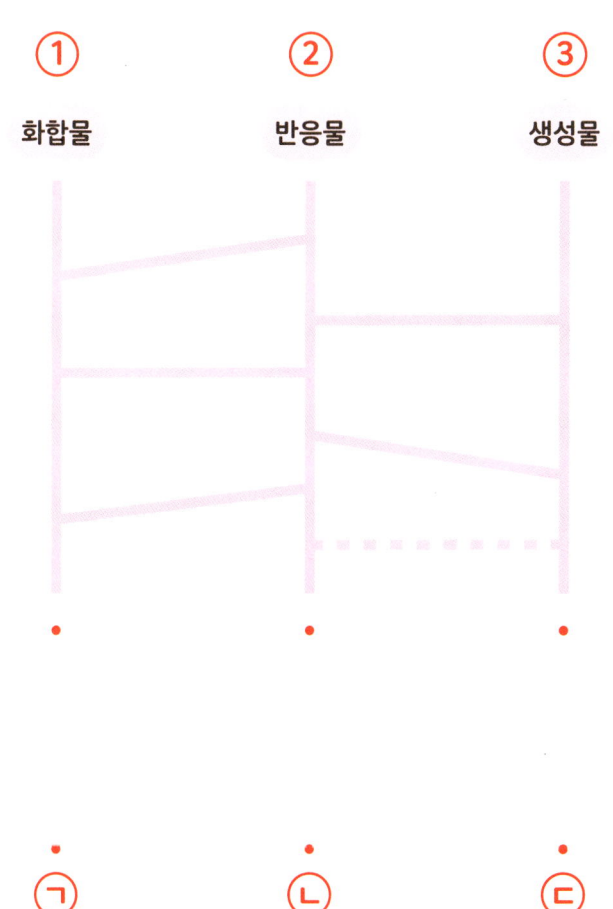

① 화합물
② 반응물
③ 생성물

㉠ 화학 반응이 일어나기 전의 물질
㉡ 두 종류 이상의 원소가 결합하여 만들어지는 순물질
㉢ 화학 반응이 일어난 결과 만들어진 물질

놀라운 분자 요리

핵심 단어: 원자 · 분자 · 물질의 특성 · 물리 변화

원자

물질을 구성하는 기본 입자를 말해요. (+)전하를 띠는 원자핵과 (−)전하를 띠는 전자로 이루어져 있지요. 원자는 원자핵의 (+)전하량과 전자의 총 (−)전하량이 같기 때문에 전기적으로 중성이에요.

> **원자**를 보는 현미경 개발의 세계 기록 경신!

중성 서로 반대되는 두 성질의 어느 쪽도 아닌 중간적 성질.
경신 기록으로 성적을 평가하는 경기 등에서, 이전의 기록을 깨뜨림.

분자

독립된 입자로 존재하여 물질의 성질을 나타내는 가장 작은 입자를 말해요. 몇 개의 원자가 결합하여 이루어진 것도 있고, 원자 1개로 이루어진 것도 있지요.

> 산소 원자 3개가 결합해 만들어지는 오존 **분자**는 살균력이 있어 각종 바이러스와 세균을 박멸할 수 있다.

살균력 세균을 죽이는 힘.
바이러스 살아 있는 세포에 붙어살고, 세포 안에서만 증식이 가능한 미생물.
박멸 모조리 잡아 없앰.

물질의 특성

어떤 물질이 가진 성질 중에서 다른 물질과 구별되는 그 물질만의 고유한 성질을 말해요. 물질의 특성을 비교하면 물질의 종류를 구별하거나, 순물질 또는 혼합물로 구별할 수 있지요.

> 이번 관측은 대기를 오염시키는 물질의 특성을 고려한 오염 물질 제거 기술 개발에 도움을 줄 것입니다.

고려하다 생각하고 헤아려 보다.

물리 변화

물질 고유의 성질은 변하지 않으면서 모양이나 상태가 변하는 현상을 말해요. 구부러지거나 녹거나 하는 등의 모습을 보이지요.

> 이번 전시에서는 알루미늄 판재를 절단하고, 두드리며, 용접하는 등 다양한 물리 변화를 통해 작품을 완성했습니다.

판재 인쇄판에 쓰는 재료.
절단하다 자르거나 베어서 끊다.
용접하다 두 개의 금속, 유리, 플라스틱 등을 녹이거나 반쯤 녹인 상태에서 서로 이어 붙이다.

어휘력 체크

초성을 보고 문장에 들어갈 알맞은 단어를 써 보세요.

오존의 두 얼굴

오존 ㉠ ㅂ ㅈ 는 바이러스를 ㉡ ㅂ ㅁ 하는 기능을 하지만, 사람의 호흡기에 나쁜 영향을 줄 수 있습니다.

정답 ㉠_____ ㉡_____

더워지는 날씨, 식품 변질에 주의하세요

초콜릿 표면에 흰색이나 회색 무늬가 생기는 것은 여름철이 지난 후 흔히 발견되는 ㉢ ㅁ ㄹ ㅂ ㅎ 로, 상한 것은 아닙니다. ㉣ ㅁ ㅈ ㅇ ㅌ ㅅ 을 알면 오해를 줄일 수 있습니다.

정답 ㉢_____
　　　㉣_____

209

어는점과 끓는점

핵심단어: 기화 끓는점 어는점

기화

물질의 상태가 액체에서 기체로 변하는 현상을 말해요. 물이 끓거나 증발하여 수증기가 되는 것 등이 기화의 예지요.

가습기는 크게 가열식, 자연 기화식, 초음파식으로 분류할 수 있다.

가습기 수증기를 내어 실내의 습도를 조절하는 전기 기구.
초음파 사람이 귀로 들을 수 있는 범위의 진동수보다 커서 사람이 청각을 이용해 들을 수 없는 음파.
분류하다 종류에 따라서 가르다.

끓는점

액체가 끓어 기체로 상태 변화 하는 동안 일정하게 유지되는 온도를 말해요. 끓는점 구간에서는 액체와 기체가 함께 존재하며, 액체가 모두 기체가 된 다음 온도가 다시 높아지지요.

식당에서 많이 사용하는 식용유는 끓는점이 발화점보다 높습니다.

구간 어떤 지점과 다른 지점과의 사이.

어는점

액체가 얼어 고체로 상태 변화 하는 동안 일정하게 유지되는 온도를 말해요. 어는점 구간에서는 고체와 액체가 함께 존재하며, 액체가 모두 고체가 된 다음 온도가 다시 내려가지요.

> 물의 어는점을 낮추는 염화 칼슘, 차량 부식의 원인!
>
> **염화 칼슘** 칼슘과 염소의 화합물. 화학 실험과 약품, 눈을 녹이는 데 많이 쓰인다.
> **부식** 금속이 화학 작용에 의하여 금속 화합물로 변화되는 일.

냉각할 때의 온도 변화

어는점에서는 액체와 고체 상태가 함께 존재한다. 액체가 얼어 고체가 된 후 계속 냉각하면 고체의 온도는 다시 낮아진다.

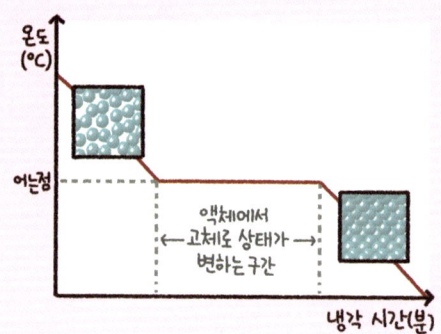

가열할 때의 온도 변화

끓는점에서는 액체와 기체 상태가 함께 존재한다. 액체가 끓어 기체가 된 후 계속 가열하면 기체의 온도는 다시 높아진다.

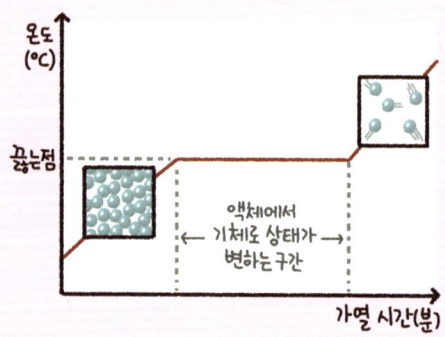

어휘력 체크

사다리를 타고, 해당 단어의 뜻풀이를 찾아 선을 그어 보세요.

① 기화

② 끓는점

③ 어는점

 ㄱ
액체가 끓어 기체로 상태 변화 하는 동안 일정하게 유지되는 온도

 ㄴ
액체가 얼어 고체로 상태 변화 하는 동안 일정하게 유지되는 온도

 ㄷ
물질의 상태가 액체에서 기체로 변하는 현상

승화를 이용한 우주 식사

융해

물질의 상태가 고체에서 액체로 변하는 현상을 말해요. 얼음을 녹이면 물이 되는 것, 고체 상태의 초콜릿이 녹아서 액체 상태로 변하는 것 등이 융해의 예지요.

> 남북극 빙하 융해로 해수면 상승 속도 가속화!

해수면 바닷물의 표면.
가속화 속도를 더하게 됨.

승화

물질의 상태가 고체에서 기체로, 또는 기체에서 고체로 변하는 현상을 말해요. 고체인 드라이아이스가 액체 상태를 거치지 않고 바로 기체인 이산화 탄소로 변하는 것이 승화의 예지요.

> 혜성이 태양에 접근하면 핵의 중심부 얼음이 기체로 승화합니다.

드라이아이스 이산화 탄소를 낮은 온도에서 높은 압력을 가해서 고체로 만든 것.
혜성 가스 상태의 빛나는 긴 꼬리를 끌고 태양을 초점으로 긴 타원이나 포물선에 가까운 궤도를 그리며 운행하는 천체.
중심부 사물의 한가운데가 되는 부분.

부피

넓이와 높이를 가진 물체가 공간에서 차지하는 크기를 말해요. 액체나 기체는 그릇에 담아서 부피를 재지요.

> 과대 포장 지양으로 부피 줄이고, 추석 선물 세트에도 친환경 바람!

지양 더 높은 단계로 오르기 위하여 어떠한 것을 하지 않음.

동결 건조

진공 상태에서 수분이 있는 세포를 급히 얼린 후에, 얼음을 승화시켜 건조하는 방법을 말해요. 무게와 부피를 줄일 수 있지요. 라면수프나 인스턴트커피 등을 만들 때 쓰는 방법이에요.

> 반려동물용 동결 건조 사료 출시 본격적 돌입!

본격적 제 궤도에 올라 제격에 맞게 적극적인 것.
돌입 힘 있는 기세로 갑자기 뛰어듦.

어휘력 체크

뜻풀이에 해당하는 단어를 음절 구슬에서 찾아 묶고, 빈칸에 써 보세요.

인	부	피	조	양
장	융	드	지	동
본	해	건	화	결
스	격	승	심	건
시	입	적	물	조

① 물질의 상태가 고체에서 액체로 변하는 현상

② 고체에서 기체로, 또는 기체에서 고체로 변하는 현상

③ 넓이와 높이를 가진 물체가 공간에서 차지하는 크기

④ 얼음을 승화시켜 수분을 제거하여 건조하는 방법

⑤ 더 높은 단계로 오르기 위해 어떠한 것을 하지 아니함

⑥ 제 궤도에 올라 제격에 맞게 적극적인 것

217

어휘력 체크 해답

1장 지구과학

15쪽
㉠ 지구 온난화 ㉡ 자연재해 ㉢ 그린란드
㉣ 빙하

19쪽
㉠ 위성 사진 ㉡ 고기압 ㉢ 북상 ㉣ 구름

23쪽

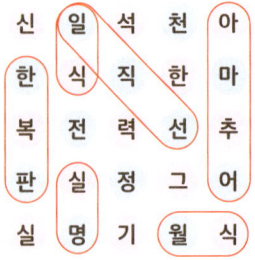

① 일식 ② 일직선 ③ 실명 ④ 한복판 ⑤ 월식
⑥ 아마추어

27쪽

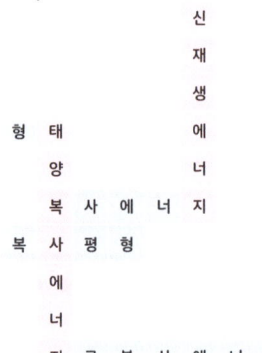

가로:
① 형태 ④ 복사 에너지 ⑤ 복사 평형

⑥ 지구 복사 에너지
세로:
② 태양 복사 에너지 ③ 신재생 에너지

31쪽
①-㉢, ②-㉡, ③-㉠

35쪽

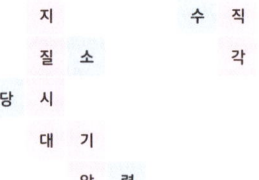

가로:
① 질소 ③ 당시 ④ 대기 ⑥ 압력 ⑦ 수직
세로:
② 지질 시대 ⑤ 기압 ⑧ 직각

39쪽
㉠ 화산 ㉡ 화산 분출물 ㉢ 시추 ㉣ 천연가스

43쪽
①-㉢, ②-㉠, ③-㉡

47쪽

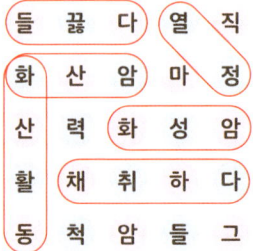

① 화성암 ② 열정 ③ 들끓다 ④ 화산암
⑤ 채취하다 ⑥ 화산 활동

51쪽

가로:
① 지대 ③ 변성암 ⑤ 성질
세로:
② 대리암 ④ 변성 작용 ⑥ 채석되다

55쪽
㉠ 폭염 ㉡ 폭등 ㉢ 중환자실 ㉣ 병상
㉤ 포화 상태

59쪽

① 태양 ② 막대하다 ③ 흑점 ④ 쌀알 무늬
⑤ 불규칙하다 ⑥ 명당

63쪽
㉠ 장마철 ㉡ 습도 ㉢ 고원 ㉣ 황사
㉤ 미세 먼지

67쪽
①-㉢, ②-㉠, ③-㉡

2장 생물

73쪽
㉠ 친환경 ㉡ 선풍적 ㉢ 자외선 ㉣ 피부

77쪽
①-㉡, ②-㉢, ③-㉠

81쪽

① 영양소 ② 바이타민 ③ 콩팥 ④ 여과
⑤ 생성되다 ⑥ 결핍증

85쪽

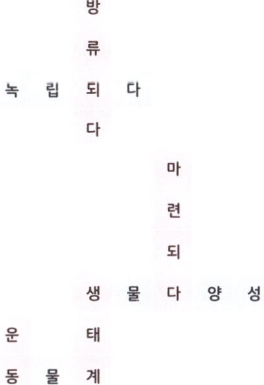

219

가로:
① 독립되다 ③ 동물계 ⑤ 생물 다양성
세로:
② 방류되다 ④ 운동성 ⑥ 생태계
⑦ 마련되다

89쪽
㉠ 침샘 ㉡ 자극 ㉢ 들이댈 ㉣ 무조건 반사

93쪽

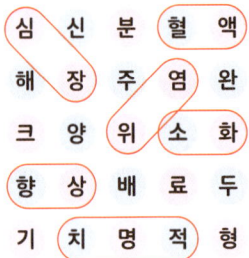

① 심장 ② 치명적 ③ 위염 ④ 소화 ⑤ 혈액
⑥ 향상

97쪽
①-㉡, ②-㉢, ③-㉠

101쪽
㉠ 미각 ㉡ 충족 ㉢ 향연 ㉣ 후각 세포 ㉤ 상피

105쪽
㉠ 외래종 ㉡ 유입 ㉢ 멸종 위기종 ㉣ 서식지

109쪽
①-㉠, ②-㉡, ③-㉢

113쪽
㉠ 면역 ㉡ 세포 ㉢ 신원 미상 ㉣ DNA

117쪽

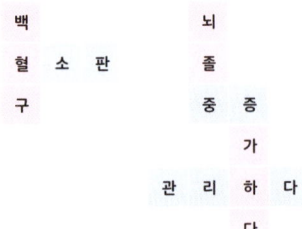

가로:
① 혈소판 ③ 중증 ⑥ 관리하다
세로:
② 백혈구 ④ 뇌졸중 ⑤ 증가하다

121쪽

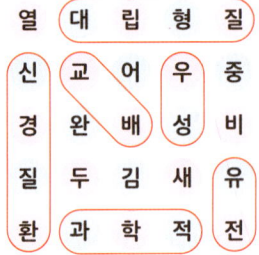

① 신경 질환 ② 교배 ③ 유전 ④ 과학적
⑤ 대립 형질 ⑥ 우성

125쪽
㉠ 조절 ㉡ 호르몬 ㉢ 생장 ㉣ 피톤치드

3장 물리

131쪽

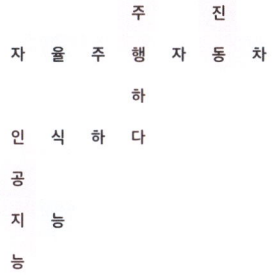

가로:
① 자율 주행 자동차 ④ 인식하다 ⑥ 지능
세로:
② 주행하다 ③ 진동 ⑤ 인공 지능

135쪽
㉠ 유연 ㉡ 힘 ㉢ 탄성 ㉣ 변형

139쪽

① 중력 ② 거스르다 ③ 연료 전지 ④ 질량
⑤ 고유하다 ⑥ 청정에너지

143쪽
㉠ 사각지대 ㉡ 볼록 거울 ㉢ 에너지 ㉣ 효율

147쪽
㉠ 사물 인터넷 ㉡ 실시간 ㉢ 열량 ㉣ 운동

151쪽
①-㉢, ②-㉠, ③-㉡

155쪽

```
활  공
기  체  역  학
저
항
       역
       학
       적
   위 치 에 너 지
         너    지
운 동 에 너 지  대
```

가로:
① 활공 ③ 기체 역학 ⑤ 위치 에너지
⑦ 운동 에너지
세로:
② 공기 저항 ④ 역학적 에너지 ⑥ 지지대

159쪽
㉠ 통상 ㉡ 전압 ㉢ 전력량 ㉣ 부과

163쪽
①-㉡, ②-㉠, ③-㉢

221

167쪽

① 전기력 ② 인력 ③ 척력 ④ 마찰 전기
⑤ 활용하다 ⑥ 부양

171쪽
①-ⓒ, ②-㉠, ③-ⓒ

175쪽

① 광원 ② 빛의 직진 ③ 빛의 삼원색
④ 차세대 ⑤ 어우러지다 ⑥ 다채롭다

4장 화학

181쪽
㉠ 혼합물 ⓒ 적발 ⓒ 크로마토그래피
㉣ 도핑 테스트

185쪽

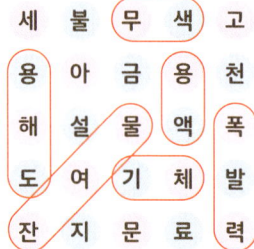

① 기체 ② 용액 ③ 용해도 ④ 잔여물
⑤ 무색 ⑥ 폭발력

189쪽
㉠ 입자 ⓒ 용해 ⓒ 효과적 ㉣ 이온

193쪽

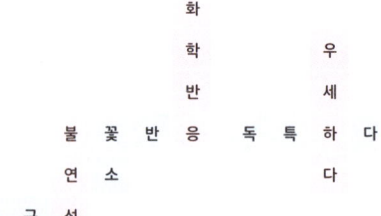

가로:
① 불꽃 반응 ③ 연소 ④ 내구성 ⑥ 독특하다
세로:
② 불연성 ⑤ 화학 반응 ⑦ 우세하다

197쪽

상	태	변	화		정
		질		액	체
		고		되	
대	체	하	다		

가로:
① 상태 변화 ③ 대체하다 ⑤ 액체
세로:
② 변질되다 ④ 고체 ⑥ 정체

201쪽
㉠ 확산 ㉡ 전망 ㉢ 열에너지 ㉣ 절감

205쪽
①-㉡, ②-㉠, ③-㉢

209쪽
㉠ 분자 ㉡ 박멸 ㉢ 물리 변화 ㉣ 물질의 특성

213쪽
①-㉢, ②-㉠, ③-㉡

217쪽

① 융해 ② 승화 ③ 부피 ④ 동결 건조 ⑤ 지양
⑥ 본격적

핵심 콕! 과학 교과서 어휘

초판 1쇄 발행 2022년 2월 7일

지은이 김수주 | **그린이** 이진아

펴낸이 윤상열 | **기획편집** 염미희 최은영 | **디자인** 온마이페이퍼
마케팅 윤선미 | **경영관리** 김미홍
펴낸곳 도서출판 그린북 | **출판등록** 1995년 1월 4일(제10-1086호)
주소 서울시 마포구 방울내로11길 23 두영빌딩 302호
전화 02-323-8030~1 | **팩스** 02-323-8797 | **블로그** greenbook.kr | **이메일** gbook01@naver.com

ISBN 978-89-5588-404-3 74700
  978-89-5588-401-2 (세트)

ⓒ 김수주, 이진아 2022
이 책의 전부 또는 일부를 이용하려면 저작권자와 그린북의 서면 동의를 받아야 합니다.

어린이제품안전특별법에 의한 표시
품명 어린이 도서 **제조국** 대한민국 **사용연령** 8세 이상 **주의사항** 책 모서리에 다치지 않도록 주의하세요